商用车复杂锻件智能加工工艺

张运军　吴华伟　陈天赋　刘　祯　梁文奎　著

中国水利水电出版社
www.waterpub.com.cn
·北京·

内 容 简 介

本书共分为6章，内容包括：转向节的概述、转向节的传统加工方法、节臂一体式转向节加工工艺、铝合金转向节加工工艺、转向节智能制造产线设计、总结。本书从理论基础、工艺设计和实践操作等方面深入浅出地总结了商用车转向节的加工工艺。

本书可作为机械工程、智能制造、车辆工程等专业的本科生和研究生的学习教材，也可作为从事汽车制造、维修和科研方面的人员的参考书。

图书在版编目（CIP）数据

商用车复杂锻件智能加工工艺 / 张运军等著 .

北京：中国水利水电出版社，2024.11. -- ISBN 978-7-5226-2868-4

Ⅰ. U463.06-39

中国国家版本馆 CIP 数据核字第 20246SV701 号

书　　名	商用车复杂锻件智能加工工艺 SHANGYONGCHE FUZA DUANJIAN ZHINENG JIAGONG GONGYI
作　　者	张运军　吴华伟　陈天赋　刘　祯　梁文奎　著
出版发行	中国水利水电出版社 （北京市海淀区玉渊潭南路 1 号 D 座 100038） 网址：www.waterpub.com.cn E-mail：zhiboshangshu@163.com 电话：（010）62572966-2205/2266/2201（营销中心）
经　　售	北京科水图书销售有限公司 电话：（010）63202643、68545874 全国各地新华书店和相关出版物销售网点
排　　版	北京智博尚书文化传媒有限公司
印　　刷	三河市龙大印装有限公司
规　　格	170mm × 240mm　16 开本　12.25 印张　236 千字
版　　次	2025 年 5 月第 1 版　2025 年 5 月第 1 次印刷
定　　价	45.00 元

前　言

转向节作为承载汽车前部自重和承受转向、制动、颠簸等交变载荷的核心精密零部件，属于汽车的重要安保件。随着高端商用车整车设计的轻量化、载重重载化的趋势，对转向节等核心安保件的性能提出了更为苛刻的要求。传统的转向节设计和加工模式已经难以满足发展的需求，因此，迫切需要从结构轻量化和材质轻量化等多个方面进行突破，研制出符合现代高端商用车要求的“新型转向节”。

湖北三环锻造有限公司在这一领域坚持自主创新，依托国家工业强基工程、工信部智能制造工程等项目的支持，紧密结合产学研用，取得了显著的成果。该公司率先研制出了国内首款商用车盘式制动转向节锻件。这一创新不仅提升了转向节的性能，还为商用车转向节的设计提供了新的思路。同时，湖北三环锻造有限公司还研发出了首款高性能节臂一体化转向节锻件，它不仅优化了转向节的结构，还提高了转向节的承载能力和使用寿命。

更加引人注目的是，湖北三环锻造有限公司还研发了国内首个商用车铝合金锻件转向节，这一创新在转向节材质轻量化方面取得了重大突破，为商用车整车轻量化提供了有力的支持。此外，该公司还建成了国内锻造行业首个智能制造样板产线，实现了自主品牌商用车复杂金属构件由低端、低价值向高端、高附加值的转型升级，为全球商用车转向节制造树立了新的标杆。

本书共分为 6 章，内容全面而深入。第 1 章为转向节概述，论述了转向节的重要性和本书的研究背景；第 2 章介绍了转向节的传统加工方法；第 3 章详细阐述了节臂一体式转向节的加工工艺，包括工艺设计、工装夹具选择、加工技巧等；第 4 章重点介绍了铝合金转向节的加工工艺；第 5 章聚焦于转向节智能制造产线的设计与实践，展示了智能制造在转向节生产中的巨大作用；第 6 章为总结。

本书由湖北三环锻造有限公司和湖北文理学院的相关老师编写。张运军编写了第 1 章和第 3 章，吴华伟编写了第 5 章，陈天赋、梁文奎编写了第 4 章，刘祯编写了第 2 章。王占兵、李智、何成泽、陆少康等老师和学生对本书资料的收集和整理提供了很大的帮助。

本书在编写过程中，参考了一些国内外书籍、期刊等文献资料，得到湖北省卓越工程师校企联合培养研究生项目、“新能源汽车与智慧交通”湖北省优势特色学科群、湖北文理学院协同育人专项等项目的资助，在此一并表示感谢！

由于作者水平和能力有限，书中不足之处恳请读者批评指正，并能提出宝贵的反馈意见！

编　者

2024 年 3 月于薤山

作者介绍

张运军，男，1966年生，中共党员、正高级工程师，全国锻压标准化技术委员会委员，湖北省汽车产业智库A类专家、湖北产业教授，华中科技大学和湖北文理学院硕士研究生校外导师，享受国务院政府特殊津贴。荣获湖北省科技创新领军人物、湖北省创新创业明星、湖北省劳动模范、全国优秀企业家等荣誉称号。

三十多年来，专注于汽车复杂锻件工艺研发和技术创新工作，承担国家智能制造、工业强基工程等项目5项，参与制定和修订国际、国家和行业标准14项，研发新产品和新工艺31项，授权发明专利85项。主持完成的《传统锻造企业实现工艺全流程整合的智能化生产方式构建》荣获全国管理创新成果一等奖，《汽车复杂锻件智能化锻造系统关键技术及应用》荣获湖北省科技进步一等奖。

吴华伟，男，1979年生，湖北襄阳人，博士，武汉科技大学兼职博士研究生导师。车辆工程专业湖北省省级教学团队负责人，“汽车测试技术”“汽车可靠性”等课程负责人，“新能源汽车与智慧交通”湖北省“十四五”优势特色学科群方向带头人。中国机械工业教育协会车辆工程学科教学委员会委员、中国汽车工程学会底盘集成技术分会委员、湖北省发展和改革委员会汽车产业专家、中国机械工程学会高级会员、湖北省电池标准化技术委员会（HUBS/TC21）委员。致力于汽车、航空等交通领域的机电控制系统设计与仿真、故障诊断与健康管理等方面的教学科研工作。

近年来先后主持省部级以上科研项目12项；发表学术论文50余篇，其中SCI/EI/中文核心检索41篇；授权发明专利33项，软著23项，成果转化8项；参与起草国家行业标准2项，地方标准5项。相关科研成果获江苏省科技进步一等奖、湖北省科技进步二等奖1项、中国发明协会发明创新一等奖3项、中国创造学会创造成果一等奖1项、湖北省科技进步三等奖2项，空军装备理论研究优秀成果奖1项，获机械工业联合会技术发明二等奖1项。主持教育部协同育人项目2项、湖北省学工精品项目1项，出版学术专著和教材6部，相关教学成果获国家教学成果奖二等奖1项（主要完成人）、第九届湖北省高等学校教学成果一等奖1项、湖北文理学院第十届优秀教学成果特等奖1项，湖北文理学院第九届优秀教学成果二等奖1项。指导学生获省级以上学科竞赛奖励21项，培养研究生14名。荣获湖北省第四批“博士服务团”工作先进个人（2016年）、襄阳市优秀人才、襄阳市政府专家津贴和襄阳市青年科技奖等荣誉。

陈天赋，男，1976年生，湖北谷城人。现担任湖北三环锻造有限公司技术部长，正高级工程师，全国模具标准化技术委员会委员，华中科技大学兼职硕士研究生导师，武汉理工大学兼职硕士研究生导师，襄阳市首席技术专家，湖北省科学技术厅权威专家库入库专家，长期从事钢质及铝合金锻件塑性近净成形制造、锻模3D打印制造与再制造等工艺技术的研究工作。

作为技术骨干先后承担了国家、省市级项目8项，参与完成了工业和信息化部“中国制造2025”首批试点示范项目1项（2015）、工业和信息化部强基工程项目1项（2017）、湖北省技术创新专项重大项目2项（2016、2017）、襄阳市重大科技计划项目1项（2019）、湖北省重点研发计划项目1项（2021在研）、国家重点研发计划项目1项（2022在研）、襄阳市科技计划项目1项（2023在研）。

累计发表专业论文13篇、专著2部；授权发明专利45项；参与起草标准16项，其中国际标准1项，国家标准4项，行业标准5项，地方标准 3 项，团体标准 3 项。相关研究成果获国际发明展览会金奖 1 项（2014）、全国发明展览会铜奖 1 项（2015）、湖北省优秀专利奖 1 项（2015）、全国模具标准化技术委员会模具标准化工作突出贡献奖 1 项（2018）、湖北省科技进步一等奖 1 项（2019）、中国机械工业技术发明二等奖 1 项（2019）、中国机械工业科技进步一等奖 1 项（2020）、中国发明协会发明创业奖金奖 1 项（2021）、中国创新设计产业战略联盟“好设计”金奖 1 项（2021）、中国机械工业技术发明一等奖（2022）、中国产学研促进会创新成果奖二等奖 1 项（2022）、湖北省技术发明一等奖 1 项（2023）。

刘祯，女，1984 年生，博士，副教授，硕士生导师，湖北省电池标准化技术委员会专家委员、中国内燃机学会高级会员、英国纽卡斯尔大学访问学者。主要从事车辆热管理理论与技术、可再生能源高效转换及利用的教学科研工作。主持湖北省自然科学基金项目 2 项，以第一作者或通讯作者发表学术论文 30 余篇，其中 SCI / EI 收录 9 篇；出版专著 1 部、教材 1 部；以第一发明人授权发明专利 3 项，成果转化 4 项。作为主要完成人获得中国创造学会创造成果一等奖、中国发明协会发明创新一等奖、湖北省科技进步三等奖、中国产学研合作创新成果二等奖等奖项。主持教育部协同育人项目 1 项、湖北省虚拟仿真实验项目 1 项，相关教学成果获第九届湖北省高等学校教学成果奖一等奖 1 项、湖北文理学院第十二届优秀教学成果二等奖 1 项。指导学生获省级以上学科竞赛奖励 21 项，培养研究生 9 名。

梁文奎，男，1964 年生，湖北谷城人，湖北三环锻造有限公司党群工作部长，工程师。

梁文奎长期从事科技创新和管理创新宣贯工作，先后参与湖北文理学院教研项目“以应用型人才培养为核心的汽车测试技术课程群建设”，湖北省教育厅教研项目“应用型本科衔接框架下的人才培养模式及课程体系研究”，发表《应用型本科〈汽车测试技术〉课程思政建设探讨》等论文 5 篇。

在科技创新方面，先后参与申报授权《一种锻件温度监测装置以及锻造生产辅助系统》《工件车线检测件及工件车线检测装置》《转向节孔的检测装置及转向节孔的检测设备》等专利 5 项，参与申报授权《基于 LabVIEW 的转向节高温预警监控系统 V1.0》《基于机器视觉的转向节自动分拣系统 V1.0》《复杂环境下锻件身份识别系统 V1.0.1》等计算机软件著作权 5 项，参与实施的《盘式转向节绿色锻造技术研究及应用》荣获襄阳市科技进步三等奖；参与发表《啮合刚度和径向支承刚度对复合行星轮系均载的影响比较》荣获襄阳市优秀自然科学论文一等奖。

在管理创新方面，指导完成《传统锻造企业实现工艺全流程整合的智能化生产方式构建》成果荣获国家级管理创新一等奖，《制造企业项目化的精益改善管理》等 4 项成果荣获国家级管理创新二等奖，《应用精益生产理念创新研发领域管理模式》等 6 项成果荣获湖北省管理创新一等奖，《以新时代铁匠精神助推企业可持续发展》成果荣获全国优秀企业文化一等奖。

目 录

第 1 章　转向节概述

1.1　转向节的作用及分类

转向节（俗称“羊角”）是汽车转向系统中的主要结构和受力部件[1]，其形状极其复杂，并且兼具轴类、盘形类和枝芽类等零件的特点，是汽车前轮导向及承载部分的关键零件之一。转向节与前梁组装后构成铰链装置。该铰链装置可以使车轮偏转一定的角度，从而实现汽车的转向行驶[2]。转向节在汽车上的安装位置如图 1–1 所示。转向节是汽车车轮和方向盘之间的联系纽带，通过方向盘的旋转，带动连杆，即开始调整车轮的高度，而车轮通过两个轴承与转向节配合，使两者连接[3]。转向节锥孔与转向节臂配合，和转向横拉杆连接[4]。

转向节的作用是承受汽车前部载荷，支承并带动前轮绕主销转动，从而使汽车转向[5]，如图 1–2 所示。在汽车行驶状态下，转向节承受着多变的冲击载荷，因此，要求其具有很高的强度[6]。转向节通过三个衬套和两个螺栓与车身相连，通过法兰盘的制动器安装孔与制动系统相连[7]，如图 1–3 所示。在车辆高速行驶时，路面通过轮胎传递到转向节上的振动，是受力分析时考虑的主要因素[8]。转向节是汽车重要的安全零部件[9]，转向节的制造加工对汽车的安全性有着特别重要的作用，因此应对整个制造过程加以控制[10]。

刹车系统分为盘式和鼓式刹车，根据刹车系统的不同类型，转向节可分为盘式转向节和鼓式转向节[11]。常用的转向节材料为 42CrMo 和 40Cr。转向节的性能指标主要包括热处理硬度、晶粒度、抗拉强度、屈服强度和伸长率等。

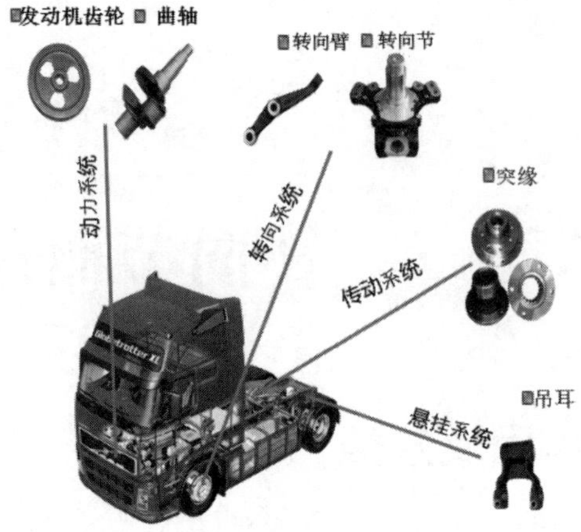

图 1–1　转向节在汽车上的安装位置

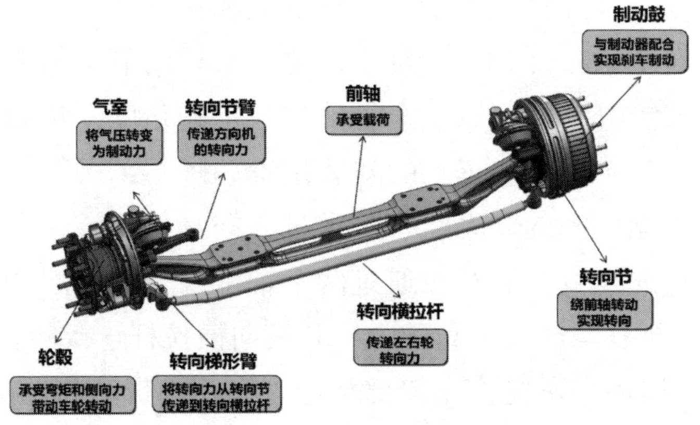

图 1–2　转向节在前桥上的位置

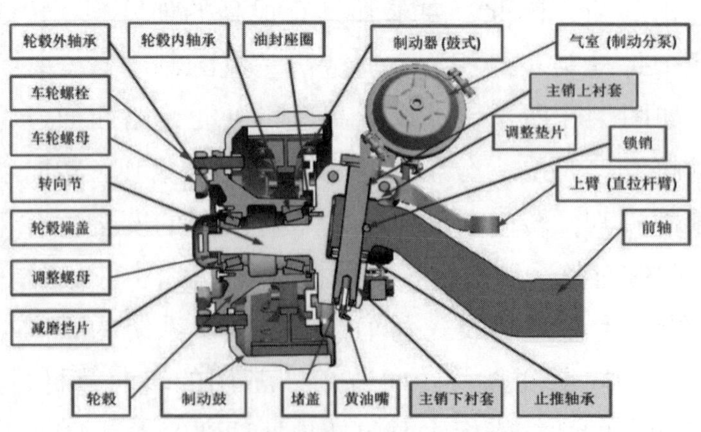

图 1–3　前桥总成局部剖视图

转向节按扭转方向是否有明显的弹性可分为刚性转向节和挠性转向节[12]。刚性转向节是靠零件的铰链式连接传递动力的，可分成不等速转向节（如十字轴式）、准等速转向节（如双联式、凸块式、三销轴式等）[13]和等速转向节（如球叉式、球笼式等）[14]。挠性转向节是靠弹性零件传递动力的，具有缓冲减振作用[15]。

转向节按装配位置可分为左转向节、右转向节两种。左转向节的上、下耳部各有分别用于安装转向节上臂和下臂的螺纹孔或锥孔，而右转向节只在下耳部有用于安装转向节下臂的螺纹孔或锥孔。

转向节是车轮转向的铰链，一般呈叉形，上下两叉有安装主销的两个同轴孔，转向节轴颈用来安装车轮[16]。图 1–4 所示为盘式转向节结构图。该转向节上销孔的两耳通过主销与前轴两端的拳形部分相连，使前轮可以绕主销偏转一定角度而使汽车转向[17]。为了减小磨损，转向节销孔内压入了青铜衬套，衬套可用装在转向节上的油嘴注入润滑脂来润滑。为了使转向灵活，在转向节下耳与前轴的拳形部分之间装有轴承。在转向节上耳与前轴的拳形部分之间还装有调整垫片，以调整二者之间的间隙。

大多数重型车的前轮都悬置在刚性前轴和转向节上。转向节通过主销安装在前轴上且可活动。

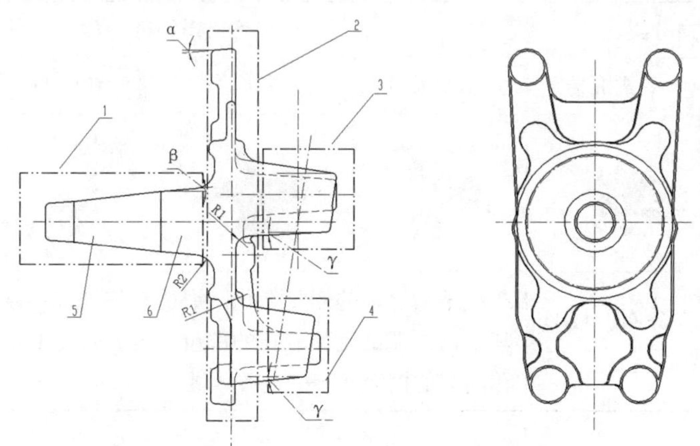

1- 杆部；2- 盘部；3- 长耳；4- 短耳；5- 外轴颈；6- 内轴颈

图 1–4　盘式转向节结构图

1.2 商用车和乘用车转向节的结构区别

按结构分类，转向节分为一体式和分体式两种。一体式转向节主要用于商用车（货车），分体式转向节则主要用于乘用车（轿车）。湖北三环锻造有限公司的转向节产品图如附录 A、B、C 所示。分体式转向节将转向节的两个主要部件（球头和球座）分开设计，球头通过螺纹连接于悬挂系统的转向臂上，而球座则固定在车辆车架的转向杆上。这种结构可以灵活调节转向角度，方便更换和维修。一体式转向节将球头和球座集成在一起，整体制造成一个部件。从承载强度方面看，一体式转向节要比分体式转向节更有优势，但是从加工的角度看，一体式转向节更为复杂。商用车转向节是车辆转向系统的重要组成部分，其性能对车辆的操控性、安全性和驾驶体验产生直接影响，由于结构不同，分体式转向节可以分别进行维修和更换，更加方便和快捷，而一体式转向节在出现故障时需要更换整个转向节，维修和更换的成本较高。

商用车转向节的分类如表 1–1 所示，乘用车转向节的结构特征如表 1–2 所示。

表 1–1　商用车转向节的分类

锻造方式分类		产品结构特征分类			
立式锻造	平式锻造	鼓式转向节	盘式转向节	带臂转向节	异形转向节

分模面相互垂直分布，模具型腔有很大差别		产品结构逐渐趋于复杂化，锻造、热处理难度系数增大，尤其是盘式端部延伸较长的部位、带臂转向节小臂部位、异形转向节的横截面突变过渡区域			

表 1–2　乘用车转向节的结构特征

圆杆型转向节	非圆杆型转向节			
	"长颈"型转向节	多孔型转向节	高落差转向节	截面多变转向节
通常该类型转向节带有副臂，整体成为带臂转向节，副臂部位易出现开裂	"长颈"细长，与盘部相距较远，锻造切边质量较差，"长颈"端部热处理变形开裂较多	该类型转向节需在锻造冲孔，热处理时孔边缘易出现裂纹	该类型转向节形状复杂多变、落差大：热处理时变形严重易开裂	形状复杂且多变，锻造易折叠，热处理时废品率高

1.3　转向节研究现状

1.3.1　结构优化设计研究现状

转向节作为汽车悬挂系统的重要组成部分，其结构设计和优化一直是人们研究的焦点之一。近年来，通过计算机辅助设计（Computer Aided Design，CAD）和有限元分析（Finite Element Analysis，FEA），研究人员致力于研究优化转向节的结构，以提高其强度、耐久性和轻量化[18]。

转向节结构的优化设计对于提高转向节的整体性能具有重要作用，包括减轻重量、提高刚度和稳定性、降低振动、噪音结构优化、材料的选取、几何形状的优化和应力分析等方面[19]。通过优化转向节的结构设计，可以在确保足够强度和刚度的前提下尽可能减轻其重量，提高车辆的燃油效率和性能[20]。

1. 拓扑优化设计

国内外的研究机构和企业采用拓扑优化设计的方法，对转向节进行结构权重分配，实现结构的最优化设计[21]。这种方法可以帮助设计师减少不必要的材料使用，实现结构轻量化，并且提高转向节的刚度和强度等性能[22]。在国外，拓扑优化设计已经被广泛应用于转向节的设计中。例如，美国通用汽车公司[23]采用拓扑优化设计方法开发了一款新型车身转向节，其重量减轻了30%左右。德国的宝马[24]、戴姆勒[25]等汽车制造商也在转向节的设计中应用了拓扑优化设计方法。此外，一些国外研究机构也在开展转向节拓扑优化设计的相关研究，如美国弗吉尼亚理工大学[26]、瑞典皇家工学院等。在国内，越来越多的学者和企业开始运用拓扑优化设计方法，进行转向节零部件结构设计的优化。例如，华南理工大学机械与汽车工程学院研究团队[27]以一款轻量转向节为案例，运用基于有限元分析的拓扑优化设计方法，通过修改转向节的结构形式和材料分布，使其在保证优良性能的前提下重量减轻了20%，并成功在中国市场上应用推广。

2. 结构应力分析和仿真

结构应力分析和仿真技术对转向节结构优化设计非常重要。国内外的研究机构和企业通过有限元分析和多体动力学仿真等手段，对转向节的承载能力和使用寿命等进行了评估和预测，从而优化了结构设计。例如，奥迪[28]等公司通过有限元分析和数值模拟方法，对转向节的应力分布和变形情况进行了研究，通过非线性有限元仿真技术，模拟了转向节在不同工况下的力学行为，验证了设计方案的可行性；M. Merkel[29]等人提出了以有限元分析结果驱动初始设计的思路，他们以转向节为模型，对转向节进行参数化设计，将转向节的关键结构尺寸参数化；Sussumu Nohara[30]等人研究分析了转向节有限元建模的方法，同时介绍了不同工况下转向节的刚度、强度和疲劳寿命的评价指标，这些仿真工具可以指导设计师进行结构优化，以提高转向节的稳定性、刚度和耐久性；北京科技大学机械工程系[31]研究团队采用有限元分析方法，对转向节结构进行了计算分析，确定了转向节最优的加强肋设计参数；袁旦[32]以某款车型的转向节为研究对象，对转向节模型进行简化处理，使用ANSYS（计算机辅助工程软件）对转向节进行了参数化处理；康元春[33]等人以某款车型为背景，对车辆的转向节展开轻量化研究，利用 MATLAB（商业数学软件）与 ADAMS（机械系统动力学自动分析软件）建立此款车型悬架的动力学模型，得到了极限工况下转向节各硬点的载荷，对转向节展开强度与应力分析。

3. 优化设计软件和工具的开发

为了方便转向节结构的优化设计，国内外的研究机构和企业也在开发相应的软件和工具。这些软件和工具能够帮助设计师对转向节进行快速建模、分析和优化，并提供优化设计方案。例如，HyperWorks[34]、OptiStruct[35]、ABAQUS[36] 和 ANSYS[37] 等，都可以用于转向节结构的优化设计。

拓扑优化设计、材料选材优化设计、结构应力分析和仿真，以及优化设计软件和工具的开发，都为转向节结构的优化设计提供了有力的支撑。这些研究和应用的不断推进，能够进一步提高转向节的性能和质量，满足汽车行业对高性能和可靠性的需求。

1.3.2　材料性能改进研究现状

转向节作为汽车行业中的重要零部件，其材料的性能对汽车整体的性能和寿命有着至关重要的影响 [38]。针对转向节所使用的材料，如钢质转向节、铝合金转向节等，研究人员一直在探索改进材料性能的方法，其研究旨在提高材料的强度、韧性、耐磨性和耐腐蚀性，以满足不断增长的汽车工业需求。其中，钢质转向节的研究主要涉及合金设计、热处理工艺和材料表面处理等方面；铝合金转向节的研究多关注合金化处理、强化方法和改进铸造工艺等方面 [39]。

同时转向节材料性能改进的其他方面，如表面涂层技术、新型材料的研发、生产技术性能提升、生产工艺，和检测技术的革新也是国内外研究的热点。未来，对转向节材料性能的研究和改进仍是汽车行业中的关键领域，其技术水平、研发能力和生产效率的提高，也会推动汽车产业的发展。

1. 钢质和铝合金转向节研究现状

（1）钢质转向节研究现状。在国内，钢质转向节的材料性能研究主要集中在材料的强度、韧性、疲劳寿命等方面。郑玉春[40]通过不同的材料配比、热处理工艺等手段，探索如何提高钢质转向节的机械性能。此外，王泽波[41]通过材料仿真模拟等方法，预测钢质转向节在不同工况下的性能表现，为其设计和优化提供了理论支持。国外钢质转向节的材料性能研究更加注重材料的耐腐蚀性和耐高温性能。特别是在一些恶劣的环境下的应用，如海洋环境和高温高湿环境下，钢质转向节需要具备更高的耐腐蚀和耐热性能。因此，国外公司着重探索耐蚀合金钢等新材料在转向节上的应用，以满足特定工况下的需求。例如，ZF[42]和 Thyssenkrupp 主要研究转向节不同工况下的运行状况，针对转向节的运行结果采用不同的材料以确保转向节的安全性能。韩国 Mando Corporation 公司则专注于悬挂和转向节的研发，致力于提高转向节的性能和可靠性，以满足全球汽车市场的需求。

钢质转向节实物外形如图 1–5 所示。

图 1–5　钢质转向节实物外形

（2）铝合金转向节研究现状。当前，国际上正积极投入研发，通过精确铸造成形方法来生产铝合金汽车转向节。这一方法旨在推动转向节产品从现有的铸铁件锻造件向铝合金精确铸造的转型升级，以实现转向节产品的轻量化、高性能化和低成本化[43–47]。国外转向节研究中使用的铝合金材料有 A356、A357 合金等。美国 Delphi Chassis

Systems & Casting Technology Company 研究的挤压铸造铝硅合金转向节的抗拉强度和延伸率分别达到 276MPa 和 8%，与球墨铸铁转向节相比减重 40%[48]；韩国国家触变 / 流变压力加工研究室研究的铝合金转向节，其结构为比较简单的单臂式，最大抗拉强度和延伸率分别达到 388MPa 和 15%，但是成形零件的力学性能波动较大[49]。意大利的菲亚特汽车公司[50]和其旗下的阿尔法·罗密欧（Alfa Romeo）[51]品牌汽车都使用了半固态工艺制造的转向节，使用的是 A357 合金。

在国内，铝合金转向节的材料特性研究主要集中在材料的力学性能、耐腐蚀性、热稳定性和结构等方面。研究人员通过调整铝合金的合金元素含量和热处理工艺，来提高材料的强度、硬度和耐久性。张伟[52]的研究对象是铝合金转向节，对其结构设计进行了拓扑优化，同时创建模型对差压铸造进行模拟，通过最终所得结果对转向节内部构造进行调整，最终设计出符合生产要求的模型。李鹏飞[53]主要研究 A356 铝合金转向节，对其不仅进行了一系列疲劳测试，还进行了组织观察、夹杂物计算以及断口扫描电子显微技术分析，最终得出以下结论：在转向节疲劳断口层面有大量的夹杂物，同时还存在缩松和缩孔等各种缺陷，这些缺陷导致转向节使用寿命极大地缩短，最终出现断裂的现象。

铝合金转向节的实物外形如图 1–6 所示。

图 1–6　铝合金转向节的实物外形

2. 表面涂层技术研究

表面涂层技术即在零件表面喷涂一层涂层，如图 1–7 所示。国外一些公司已在转向节表面应用了涂层技术，以提高其表面硬度和耐腐蚀能力。例如，德国的 Fraunhofer[54] 研究机构研发了一种名为 Diamond-Like Carbon（DLC）的薄膜涂层技术，其具有高硬度、低摩擦系数和优异的耐磨性等特点，可以改善转向节的表面性能。在国内，浙江大学机械工程学院研究团队开展了基于化学气相沉积的表面改性技术研究，探索了不同涂层材料及工艺对转向节表面性能的影响，以提高转向节的耐磨性和抗腐蚀性。此外，湖南大学表面涂层技术研究所 [55] 也对转向节表面涂层技术进行了大量研究，研发了一种具有高硬度、低摩擦系数和优异耐磨性的氮化钛新型涂层技术。

图 1–7　在零件表面喷涂涂层

3. 新型材料研究

新型材料的应用也是提高转向节性能的有效途径。在国外，AlGMAC、钛镁合金和超高强度轻质钢等材料在转向节上的应用已成为趋势 [56]。Dusane[57] 对钛合金等轻质材料在转向节上的应用进行了研究，以减轻转向节的重量；Luo[58] 对如何使用铝合金制造轻量化转向节进行了研究、设计和制造。在国内，一些汽车零部件生产企业（如北汽集团、上汽集团）也在积极研发新型材料，以提高转向节的性能和质量，从而满足汽车行业日益严格的要求。

图 1–8 所示为湖北三环锻造有限公司生产的轻合金产品图。

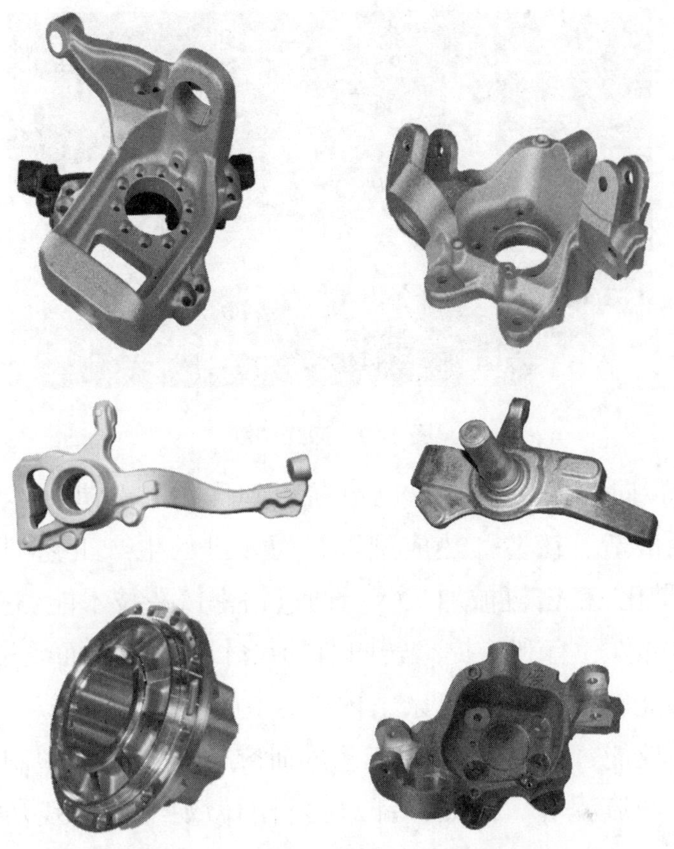

图 1–8　湖北三环锻造有限公司生产的轻合金产品图

4. 先进制造技术及生产工艺应用现状

在汽车行业，为了满足汽车轻量化、高性能化和高安全性的要求，转向节的生产制造技术也在迅速地更新。

随着汽车工业的发展，先进的生产制造技术在转向节制造中得到了广泛的应用。随着数控加工技术 [59]、激光切割技术、精密铸造技术 [60] 等技术的不断发展，转向节的生产制造过程变得更加精密、高效。数控加工技术的应用可以确保转向节零部件的精度和一致性，从而提高生产效率；激光切割技术能够对板材进行高精度的切割（图 1–9），为转向节的生产提供了更多可能。

图 1–9　激光切割

同时，转向节的生产工艺也不断得到优化和改进，传统的生产工艺主要包括锻造、铸造、热成型等，而先进的生产工艺则包括精密铸造、锻造轻量化、精密机械加工等。通过精密铸造技术能够获得高密度、高精度的零部件，有利于提高转向节的尺寸精度和表面质量；通过精密铸造技术还能够制造形状复杂、内部结构精密的转向节零部件，提高产品质量和性能[61]。先进生产工艺的研究主要包括新型制造工艺的引入、优化生产流程等。例如，针对材料的微观组织和残余应力等进行分析和优化，可以提高材料的抗疲劳性能；采用表面处理技术、热处理和应力分析等手段，也可以提高转向节的抗疲劳性能。中国第一汽车集团在转向节的生产中已经引入了自动化设备和智能化工艺，通过机器人和自动化生产线提高了生产效率和产品质量。

5. 先进检测技术应用现状

转向节的检测技术也是研究的重点，传统的表面缺陷检测技术主要依靠目视和非接触式检测，在精度和效率方面均存在一定的局限性。如今，随着计算机视觉、机器学习和人工智能技术的发展，基于图像处理和模式识别的自动化检测技术逐渐成熟，能够实现对转向节表面缺陷的高效检测。此外，超声波、X 射线等无损检测技术也在转向节质量检测中得到了广泛应用，其能够发现转向节内部缺陷并提供全面的质量信息。

（1）计算机视觉技术。计算机视觉技术在转向节检测中起着重要作

用 [62]，通过数字图像处理技术 [63]、模式识别算法 [64] 和人工智能技术 [65]，可以对转向节的外观缺陷、表面质量进行自动化检测，如图 1–10 所示。利用计算机视觉技术可以实现对转向节表面的裂纹、磨损、氧化等缺陷高效、准确地检测，提高了检测的速度和准确性，保证了产品质量。

图 1–10　计算机视觉检测

（2）超声波检测技术。超声波检测技术应用广泛，能够实现对转向节内部缺陷的无损检测，如对气孔、夹杂、裂纹 [66] 等的无损检测，如图 1–11 所示。超声波作为一种非破坏性检测技术，可以穿透金属材料，根据反射回来的超声波信号来识别材料的缺陷，对转向节的质量进行有效的评估。

图 1–11　超声波无损检测

（3）X 射线检测技术。X 射线检测（图 1–12）技术也被广泛应用于转向节的质量检测中 [67]。X 射线能够穿透金属材料，对转向节的内部结构进行分析，识别隐蔽缺陷和材料疏松情况，为产品质量提供全面的评估。同时，X 射线检测技术还可以用于对转向节装配后的焊接部位进行质量检测，确保焊接的质量和可靠性。

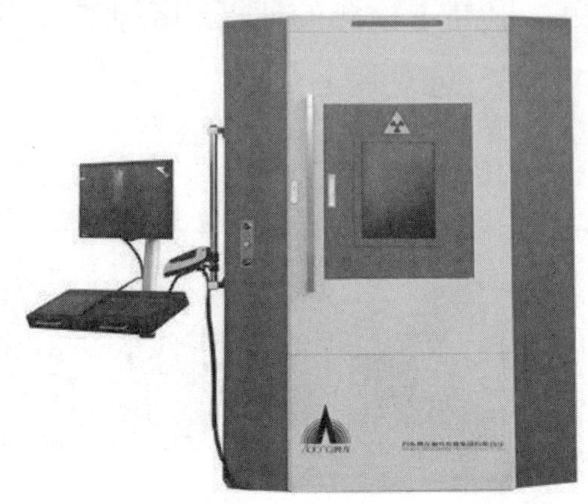

图 1–12　X 射线检测

（4）磁粉探伤技术。磁粉探伤技术是一种常用的表面和近表层缺陷检测技术[68–69]。通过在转向节表面涂覆磁粉，再利用外加磁场作用或电流传导，在转向节表面和近表层产生磁化，形成磁粉集聚，通过观察磁粉分布情况能够发现裂纹、夹杂等表面和近表层缺陷，对转向节进行质量检测。磁粉探伤机如图 1–13 所示。

图 1–13　磁粉探伤机

（5）红外热像技术。红外热像技术（图 1–14）能够通过观测转向节的热辐射图像来分析其表面温度分布情况[70]，从而发现转向节表面的热敏缺陷，如裂纹、氧化等。此技术可以用于发现转向节局部温度异常或隐蔽缺陷。

图 1–14　红外热像技术

（6）智能传感器技术。智能传感器技术在转向节的监测中发挥着重要作用[71]。通过在转向节中部署智能传感器，可以对转向节的温度、振动、应力等参数进行实时监测，通过数据分析和判断模型来判断转向节的工作状态和健康状况，为转向节的预防维护和管理提供重要支持。

1.3.3　加工工艺研究现状

由于转向节主要承载汽车行驶过程中的全部载荷，对其强度、刚度和耐久性要求非常高，因此，转向节的加工工艺是整个生产过程中的关键环节，直接关系着转向节的质量和性能。转向节的加工工艺研究主要关注机械加工工艺的优化[72]、先进加工技术的应用[73]、自动化生产技术的发展[74]，以及制造过程的监控与控制。这些研究可以提升转向节的加工精度、表面质量和生产效率，从而满足汽车行业对高质量转向节产品的需求。

1. 机械加工工艺优化

在机械加工工艺优化方面，国内外企业和高校主要通过改进传统的机械加工工艺和工艺参数,来提高转向节的加工精度和表面质量。例如,优化刀具的选择与切割参数,采用高速切削技术[75]和先进的数控加工设备[76],可以提高加工效率,并减少转向节表面粗糙度和加工残余应力。张广辉[77]等探讨了在车削加工过程中补偿算法的研究,提出了一种基于遗传算法的优化算法,能够对车削加工过程中的切削量进行优化控制;Sandvik Coromant[78]公司致力于研究和优化机械加工工艺,通过研究不同的机械加工参数、材料和工艺,该公司能够提供专业的解决方案,优化机械加工过程,提高加工效率和质量。图 1–15 所示为该公司的组合铣床。

图 1–15　Sandvik Coromant 组合铣床

2. 先进加工技术应用

在先进加工技术应用方面,国内外的研究主要致力于开发和应用先进的加工技术,以改善转向节的加工质量和提高生产效率。王效勇[79]等研究了柔性化生产和精益化制造转向节制造技术,该技术可以较大地提高转向节产品的精密性、强度等指标,并介绍了该技术的具体实现过程、优化措施和实验结果,为转向节生产厂商提供了技术指导。

3. 自动化生产技术应用

随着工业自动化的发展,国内外转向节公司将自动化生产技术应用于转向节的加工过程,自动化生产可以提高生产效率、保证加工质量的一致性,并且减少人为操作造成的误差。例如,ABB Robotics[80]研发出机器人系统和自动化设备,为转向节的加工提供了广泛的自动化解决方案，包括转向节的自动化生产技术，它能够实现生产线的自动化，提高生产效率；白鹭[81]等研究了转向节的自动化加工和装配过程，以及基于智能算法的质量控制和自动化检测技术，通过引入自动化和智能化技术，提高了生产线的灵活性、可靠性和高效性。

湖北三环锻造有限公司已经使用第四代机器人自动生产线，其由 10 台具有国际先进水平的加工中心和机器人组成，全线无人自动化生产，配备机器人上下料，自动液压夹具。图 1–16 所示为该公司的立加复合加工生产线。图 1–17 所示为该公司的多关节机器人自动生产线。

图 1–16　湖北三环锻造有限公司的桁架自动线——立加复合加工生产线

图 1–17　湖北三环锻造有限公司的多关节机器人自动生产线

4. 制造过程的监控与控制

在转向节制造过程中，监控和控制[82]各个环节的质量、工艺参数和技术指标是确保产品质量的重要手段。目前的研究主要致力于研发先进的制造过程监控和控制技术，以实时监测和调整转向节的加工过程。通过采集与分析加工过程中的工艺数据，可以及时发现和纠正加工过程中的异常情况，保证产品质量的稳定性和一致性，还可以及时发现制造过程中的问题并进行调整，避免出现不必要的废品和返修，从而降低转向节的制造成本。在国内，ABB 公司主要针对转向节加工中的切削参数进行了优化研究，如刀具材料、切削速度和进给速率的优化，以提高转向节加工效率和减少加工成本；赵华杰[83]利用传感器技术和数据采集系统，致力于开发智能监控系统，通过实时监测加工参数和进行数据分析，对转向节加工过程进行智能化监控与控制；浙江工业大学[84]通过有限元分析（FEA）和计算机模拟，对转向节加工过程进行模拟，优化刀具轨迹和加工路径，提高了转向节的加工精度和表面质量。在国外，汽车制造商和研究机构致力于自动化技术和智能监控系统方面，以实现转向节加工过程的自动化和实时监控。佛吉亚（Faurecia）[85]将工业 4.0 和智能制造技术应用到转向节加工中，包括物联网设备、云计算和人工智能等，以实现转向节生产过程的智能化与自动化。

第 2 章　转向节的传统加工方法

2.1　转向节的传统加工方法的基本要求

2.1.1　转向节的锻造加工原则与要求

1. 转向节的锻造加工原则

（1）锻件的生产工序一般应包括下料——加热——锻造——热处理——表面清理——检验——包装。

（2）工艺排布应考虑整个制造物料流转过程的便利、生产成本控制、产品质量要求、设备状况等，应符合人机工程学的要求。

（3）锻造工步的设计应充分考虑锻件的复杂系数、尺寸精度、表面质量要求，选择合适的锻造工艺、锻造设备。

（4）坯料规格的选择应考虑金属的流动和锻造时可能产生的缺陷。

（5）锻造工艺设计应考虑材料的变形抗力、金属流线、定位可靠性和设备偏心载荷等因素，宜采用数值模拟对工艺过程和参数进行优化。

（6）锻造过程宜采用一火加热锻造。

（7）模具结构设计应考虑分模面落差、型腔排布、错模力等，避免模具结构对工步件转运、模具冷却与润滑等产生干涉。

2. 转向节的锻造加工要求

（1）锻件图的设计要求。

1）锻件图的设计应以产品图纸上的产品尺寸、形位公差和表面质量要求为依据，锻件的公差及加工余量应符合 GB/T 12362—2016《钢质模锻件 公差及机械加工余量》的要求。

2）分模面的选择应保证锻件杆部与盘部的流线连续、顺畅。图 2–1 所示为几种典型转向节分模面的选择。

3）锻件标识位置应在非加工表面，推荐选择上模，具体位置可与客户协商。客户无要求时，推荐标注位置（图 2–1）。

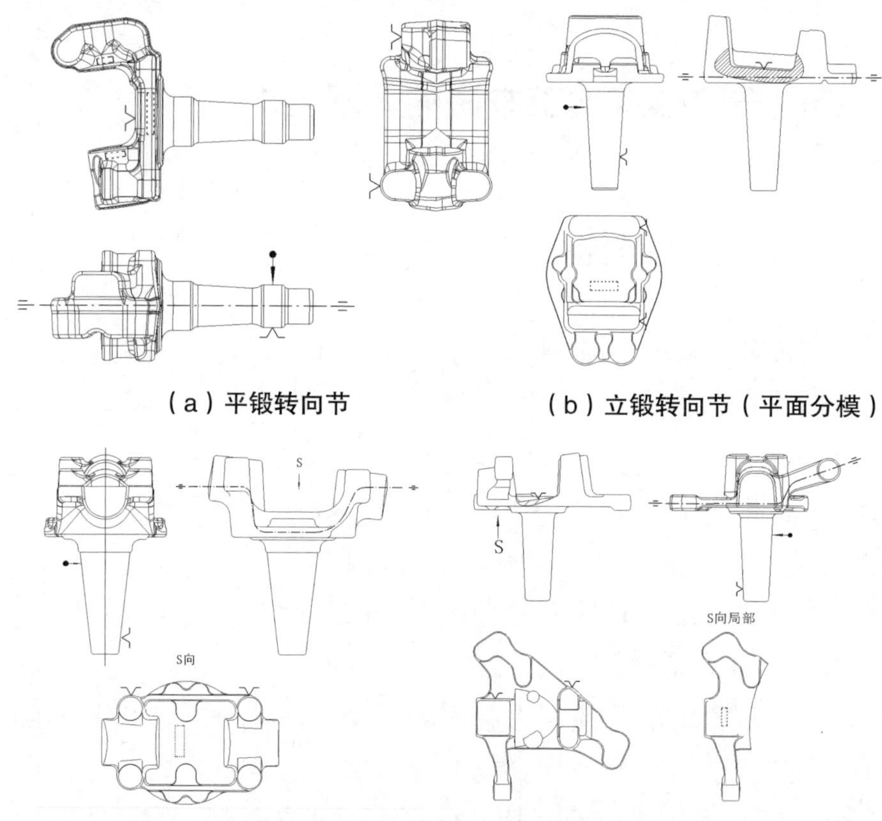

（a）平锻转向节　（b）立锻转向节（平面分模）

（c）立锻转向节（曲面分模）　（d）带转向节臂的一体化转向节

图 2–1　典型转向节锻件图的设计图例及推荐标注位置

（2）变形力（能）计算。

变形力（能）计算宜采用数值模拟分析，也可采用以下公式。

1）模锻锤上生产时，采用式（2–1）进行锤落下部分重量的计算

$$G = CA' \tag{2–1}$$

式中　G——锤落下部分重量，kg；

C——钢种系数，宜按$C=6$计算；

A'——包括飞边（按仓部宽度的 1/2 计算）及连皮在内的锻件水平投影面积，cm^2。

2）螺旋压力机上生产时，采用式（2–2）进行变形力的计算

$$F=\alpha(2+0.1\frac{A_d\sqrt{A_d}}{V_d})\sigma_s A_d \tag{2–2}$$

式中 F——变形力，kN；

α——与模锻形式有关的系数，对于开式模锻，$\alpha=4$，对于闭式模锻，$\alpha=5$；

A_d——锻件在平面上的投影面积，包含飞边桥部面积，cm^2；

V_d——锻件体积，cm^3；

σ_s——终锻时坯料金属的屈服点，宜按$\sigma_s=70MPa$计算。

3）热模锻压力机上生产时，采用式（2–3）进行变形力的计算

$$F=KA \tag{2–3}$$

式中 K——金属变形抗力系数，宜按$K=10kN/cm^2$计算；

A——锻件在平面上的投影面积，包含飞边桥部面积，cm^2。

（3）变形温度。

变形温度应在再结晶温度以上的奥氏体区内，锻件始锻温度应尽可能接近下限；多工位成形时，锻件始锻温度应尽可能接近上限。

（4）设备的选择原则。

1）坯料下料设备宜采用圆盘锯床、带锯床等。

2）坯料加热设备宜采用感应加热炉等。

3）锻造成形设备应综合考虑锻件成形力、变形速率、生产节拍以及设备所承受的各工位载荷、允许的偏心载荷等因素，宜采用模锻锤、螺旋压力机、热模锻压力机等。

4）锻件切边设备宜采用曲柄压力机、液压机等。

5）锻件热处理设备宜采用网带式淬火回火炉、推杆式淬火回火炉等。

（5）模具的要求。

1）锻造用模具的技术要求应符合 GB/T 11880—2008《模锻锤和大型机械锻压机用模块技术条件》的要求。

2）模具材料宜选择 5CrNiMo 钢、5CrMnMo 钢、4Cr5MoVISi 钢等。

3）模具型腔设计应考虑锻件各部位的热收缩率，热收缩率宜采用 1.2% ～ 1.3%。

4）模具型腔的制作精度等级应符合 GB/T 1804—2000《一般公差 未注公差的线性和角度尺寸的公差》精密级的要求。

5）模具型腔表面粗糙度值一般≤ *Ra*0.8μm，宜进行表面强化处理。

6）模锻锤用模具硬度宜选择 37~42HRC；压力机用模具硬度宜选择 42~47HRC。

7）失效模具的修复宜采用焊接修复、降面修复等。采用焊接修复时，焊接前去除的疲劳层深度应≥10mm；采用降面修复时，降面厚度应≥3mm。

（6）坯料的制备。

坯料规格的选择应考虑金属的流动以及锻造时可能产生的缺陷，并保证锻造过程中各工位定位准确。

（7）坯料的加热。

1）坯料宜采用中频加热，加热过程中不应过热、过烧，宜设置超温报警及自动分选装置。

2）加热后未超温坯料，只允许再加热一次，再次加热未进行锻造的坯料应报废处置。

（8）模具的预热与润滑。

1)模具使用前宜预热到 150~250℃,模具预热宜采用电阻式台车炉，也可采用燃气加热、电炉盘加热等，应保证模具内外预热温度均匀一致。

2）模具使用过程中应及时冷却润滑，模具的工作温度不宜超过 350℃。

3）锻造过程中应对模具型腔表面喷涂脱模剂，喷涂前应采用高压气体吹尽型腔内的氧化皮等杂物，喷涂时应保证脱模剂均匀附着在模具型腔。

4）应充分考虑模具的型腔结构、脱模剂的种类等，选择合适的脱模剂浓度、气压、吹气时间、脱模剂喷涂时间等。

（9）锻件的热处理。

1）锻件应进行调质热处理，锻件的热处理应符合 GB/T 16924—2008《钢件的淬火与回火》的要求。

2）锻件可利用锻后余热进行热处理。锻后高温锻件应控温冷却，盘部表面温度在 450 ～ 550℃时进入淬火炉升温、保温、淬火。锻后高温锻件不宜直接入水淬火。

3）锻件的金相组织级别 1 ～ 4 级，评定方法应符合 GB/T 13320—2007《钢质模锻件 金相组织评级图及评定方法》的要求[86]。

（10）锻造工艺过程。

1）平锻转向节的锻造工艺至少应包含拔长、制坯、预锻、终锻、切边等工步。

2）平锻转向节的拔长工步应保证有足够的变形量，从而消除原材料芯部质量不良，保证转向节杆部具有良好的力学性能。

3）立锻转向节的锻造工艺至少应包含镦粗、预锻、终锻、切边等工步。

4）立锻转向节镦粗后，坯料宜旋转 90° 放置于预锻型腔内，从而保证转向节杆部与盘部金属流线的连续性，保证转向节杆部具有良好的力学性能。

5）应将变形量大的工步排布在制坯或预锻，尽可能减小终锻的变形量。

6）锻件的切边宜采用切边校正复合工艺，还应充分考虑切边温度对切边质量的影响。

（11）表面清理。

锻件宜采用抛丸方法进行处理。

（12）检验。

1）锻件应 100% 进行磁粉探伤检验，锻件的磁粉探伤应符合 GB/T

15822—2005《无损检测 磁粉检测》的要求。锻件探伤后应进行退磁处理，锻件剩磁≤0.5mT（≤5GS）。

2）锻件的其他检验要求、试验方法、包装、运输和贮存应符合JB/T 13276—2017《钢质汽车转向节锻件 通用技术条件》的要求。

2.1.2 转向节的机加工原则与要求

1. 尺寸精度与几何形状要求

（1）尺寸精度：转向节的各个尺寸需符合设计要求，包括直径、长度、孔径等，以确保装配时能够精准地匹配。

（2）几何形状：转向节的外形、孔位和表面轮廓应与设计图纸一致，避免形状误差导致装配不良或性能下降。

2. 表面质量要求

（1）表面光洁度：转向节表面应平整光滑，无明显划痕、磨损或氧化，以确保密封性和摩擦性能。

（2）表面粗糙度：表面粗糙度需符合要求，以确保密封件与转向节的配合性和密封性。

3. 材料选用和工艺要求

（1）材料选用：转向节通常采用高强度合金钢或铝合金制造，以确保其承载能力和耐磨性。

（2）切削工艺：采用合适的切削工艺，包括车削、铣削、钻孔等，以确保加工精度和表面质量。

4. 加工过程控制

（1）加工温度控制：控制加工过程中的温度，避免因高温引起的材料变形或工艺失效。

（2）刀具磨损监控：定期检查和更换刀具，避免刀具磨损引起加工质量下降。

5. 质量检测和验证

（1）尺寸测量：使用精密测量工具对转向节的尺寸进行检测，确保符合设计要求。

（2）表面质量检验：对转向节的表面质量进行目视检查或表面粗糙度测量，确保表面光洁度和平整度。

2.2　三环锻造转向节的传统加工生产流程

2.2.1　三环锻造第一代转向节生产线

三环锻造第一代转向节生产线的基本信息包括：整线由 36 人组成（1 班次），其中有 1 名工段长、1 名检验员和 34 名操作工；整线加工工艺共 38 道工序；整线共 37 台设备；整线生产产能 100 件 / 天。

整线加工流程如下。

1. 粗挖底

（1）加工工步：粗铣叉耳内档底部。

（2）加工设备：组合铣床（ZHXY50BW50）。

（3）夹具：铣削夹具。

粗挖底加工图如图 2–2 所示。

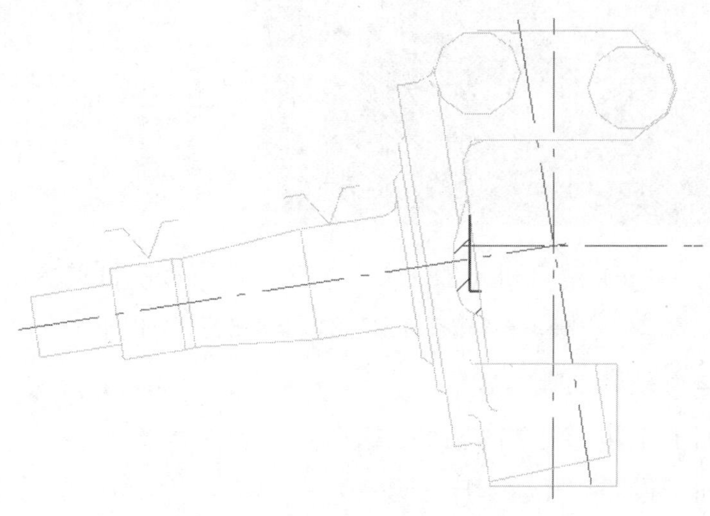

图 2–2　粗挖底加工示意图

2. 铣端面、打中心孔

（1）加工工步：铣轴端端面；打两端中心孔。

（2）加工设备：铣打机（Z8210）。

（3）夹具：铣打夹具。

铣端面、打中心孔加工图如图 2–3 所示。铣打机（Z8210）和铣打夹具图如图 2–4 所示。

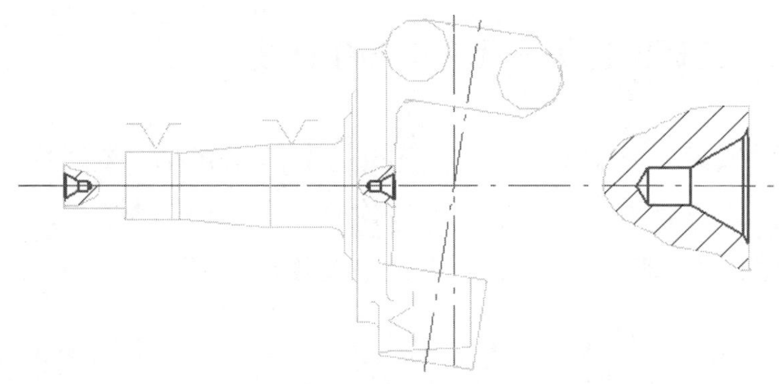

图 2–3　铣端面、打中心孔加工示意图

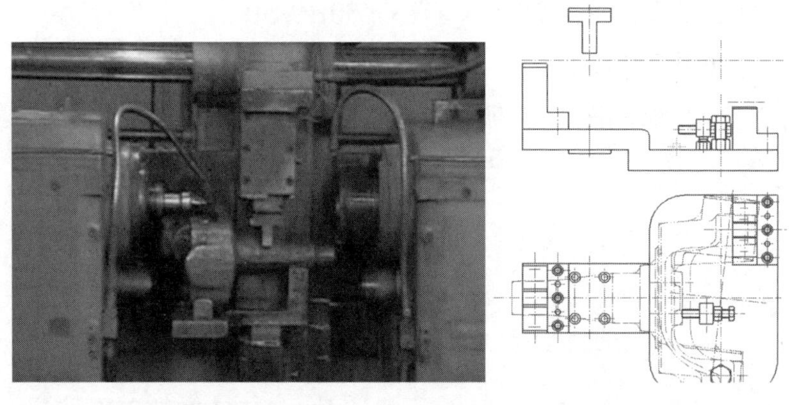

（a）铣打机（Z8210）　　（b）铣打夹具图

图 2–4　铣打机（Z8210）和铣打夹具图

3. 粗车内轴颈及大盘面

（1）加工工步：粗车内轴颈；粗车止口台及大盘。

（2）加工设备：普通车床（C620）。

（3）夹具：钻模板。

粗车内轴颈及大盘面加工示意图如图 2–5 所示。

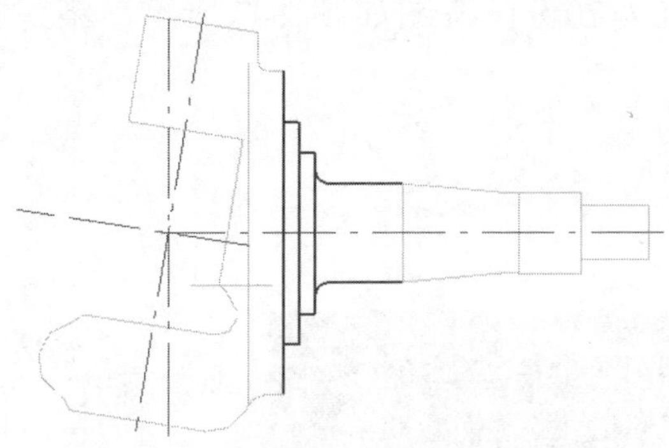

图 2–5　粗车内轴颈及大盘面加工示意图

4. 粗仿轴颈

（1）加工工步：粗仿轴颈。

（2）加工设备：仿形车床（CE7120）。

（3）夹具：靠模、顶尖、拨盘。

粗仿轴颈加工示意图如图 2–6 所示。

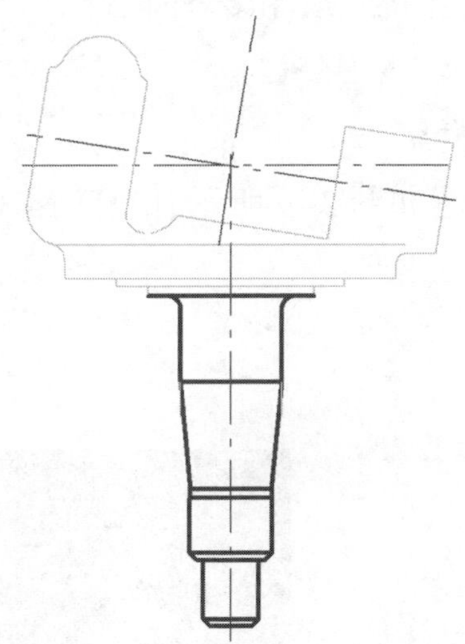

图 2–6　粗仿轴颈加工示意图

5. 精仿杆盘部

（1）加工工步：精仿轴颈。

（2）加工设备：仿形车床（CE7120）。

（3）夹具：靠模、顶尖、拨盘。

仿形车床（CE7120）设备图如图 2–7 所示。精仿杆盘部加工示意图如图 2–8 所示。

图 2–7　仿形车床（CE7120）设备图

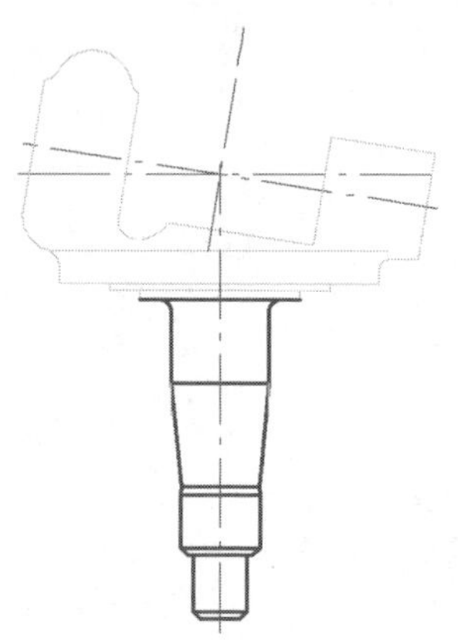

图 2–8　精仿杆盘部加工图

6. 粗磨轴颈

（1）加工工步：粗磨内轴颈；粗磨外轴颈。

（2）加工设备：磨床（MBS5C）。

（3）夹具：顶尖、拨盘。

粗磨轴颈加工示意图如图 2–9 所示，磨床（MBS5C）设备图如图 2–10 所示。

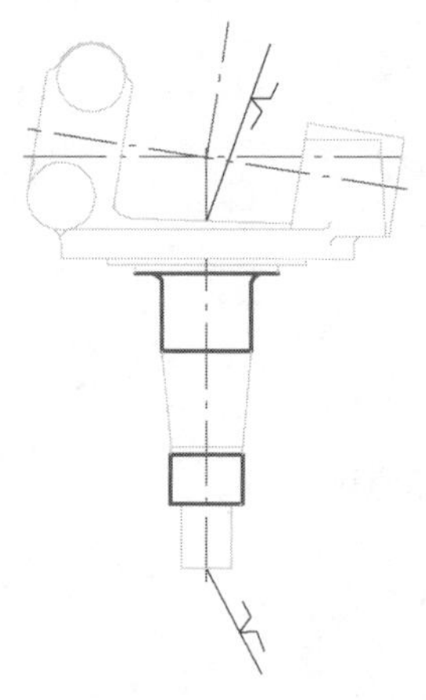

图 2–9　粗磨轴颈加工示意图

图 2–10　磨床（MBS5C）设备图

7. 精车杆端及盘部

（1）加工工步：精车轴端；精车止口台及大盘。

（2）加工设备：车床（CA6140）。

（3）夹具：顶尖、拨盘。

精车杆端及盘部加工示意图如图 2–11 所示。

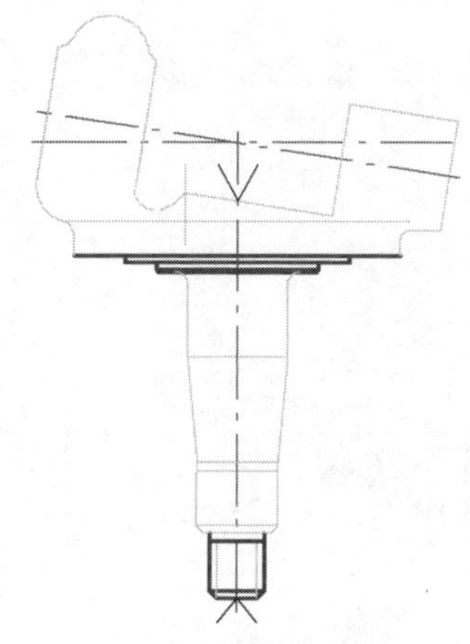

图 2–11　精车杆端及盘部加工示意图

8. 钻盘部孔

（1）加工工步：钻盘部孔。

（2）加工设备：钻床（Z3032）。

（3）夹具：钻模板。

钻盘部孔加工示意图如图 2–12 所示。

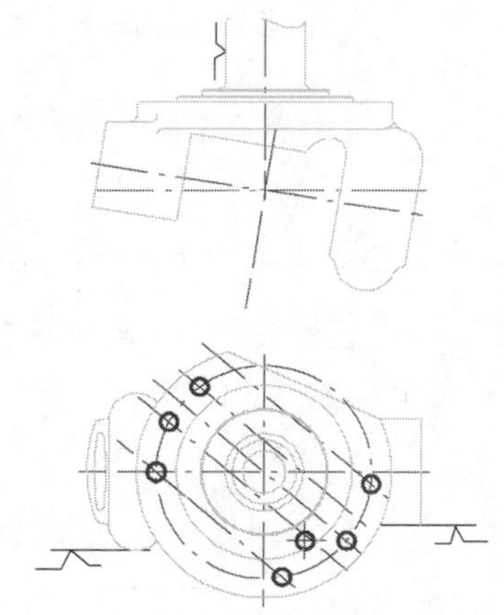

图 2–12　钻盘部孔加工示意图

9. 精铣叉耳盘中部、粗铣叉耳两外侧

（1）加工工步：精铣叉耳盘中部；粗铣叉耳两外侧。

（2）加工设备：组合铣床（ZHXY50BW50）。

（3）夹具：铣两叉耳外侧及盘中部夹具。

精铣叉耳盘中部、粗铣叉耳两外侧加工示意图如图 2-13 所示。

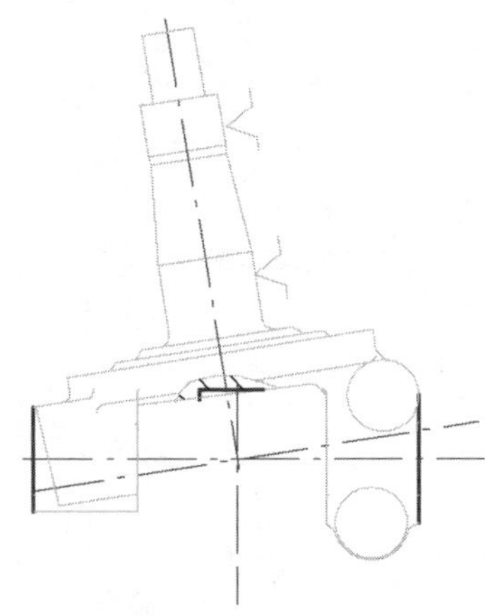

图 2-13　精铣叉耳盘中部、粗铣叉耳两外侧加工示意图

10. 精铣叉耳两外侧

（1）加工工步：精铣叉耳两外侧。

（2）加工设备：组合铣床（ZHX50W40 × 40）。

（3）夹具：精铣两叉耳外侧夹具。

精铣叉耳两外侧加工图如图 2-14 所示。

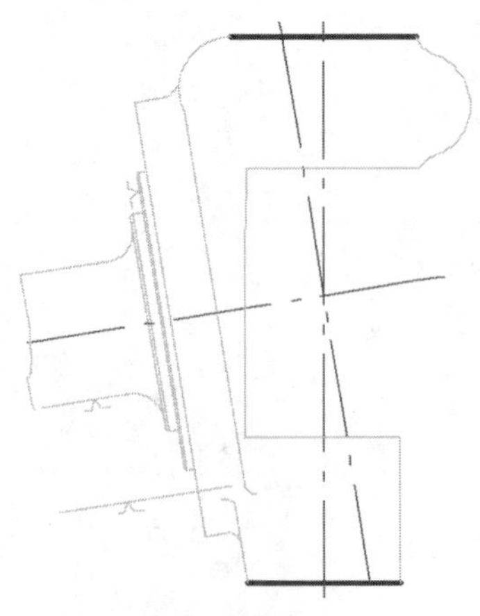

图 2-14　精铣叉耳两外侧加工示意图

11. 粗铣两叉耳内侧及盘部

（1）加工工步：粗铣两叉耳内侧；粗铣盘部。

（2）加工设备：组合铣床（ZHXY50BW50）。

（3）夹具：粗铣两叉耳内侧及盘部夹具。

12. 钻长耳主销孔

（1）加工工步：钻长耳主销孔。

（2）加工设备：立式钻床。

（3）夹具：钻长耳主销孔夹具。

钻长耳主销孔加工示意图如图 2–15 所示。

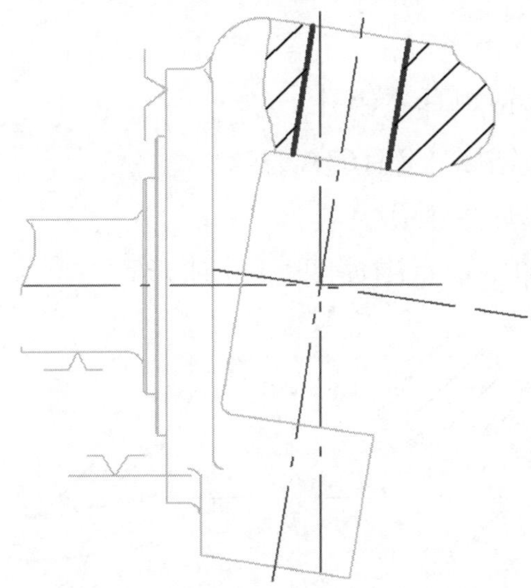

图 2–15　钻长耳主销孔加工示意图

13. 扩长耳主销孔

（1）加工工步：扩长耳主销孔。

（2）加工设备：钻床（Z5163A）。

（3）夹具：扩长耳主销孔夹具。

扩长耳主销孔加工示意图如图 2–16 所示。

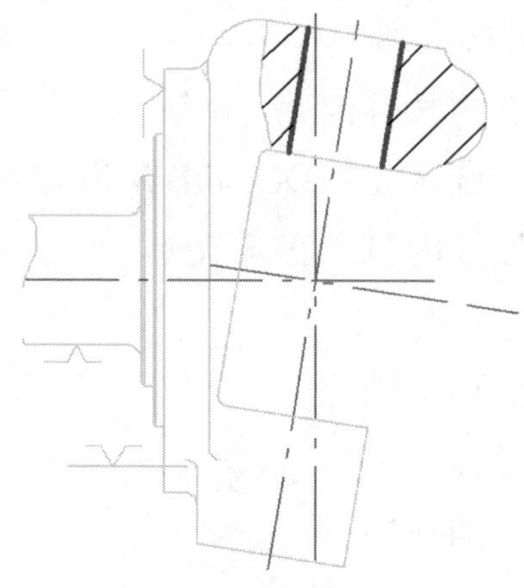

图 2-16　扩长耳主销孔加工示意图

14. 钻短耳主销孔

（1）加工工步：钻短耳主销孔。

（2）加工设备：钻床（Z5163A）。

（3）夹具：钻短耳主销孔夹具。

钻短耳主销孔加工示意图如图 2-17 所示。

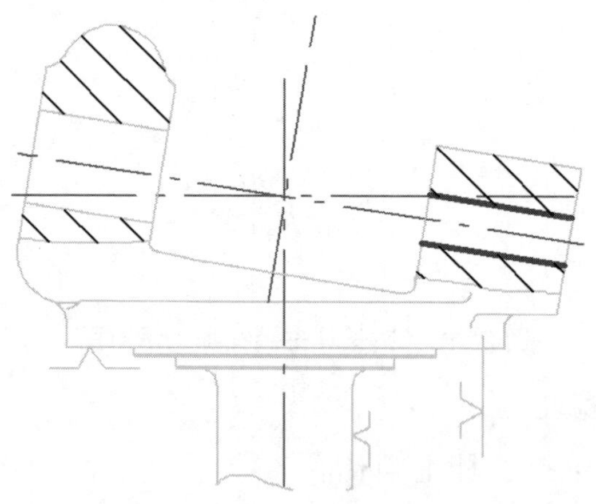

图 2-17　钻短耳主销孔加工示意图

15. 扩短耳主销孔

（1）加工工步：扩短耳主销孔。

（2）加工设备：钻床（Z5163A）。

（3）夹具：扩短耳主销孔夹具。

扩短耳主销孔加工示意图如图 2–18 所示。

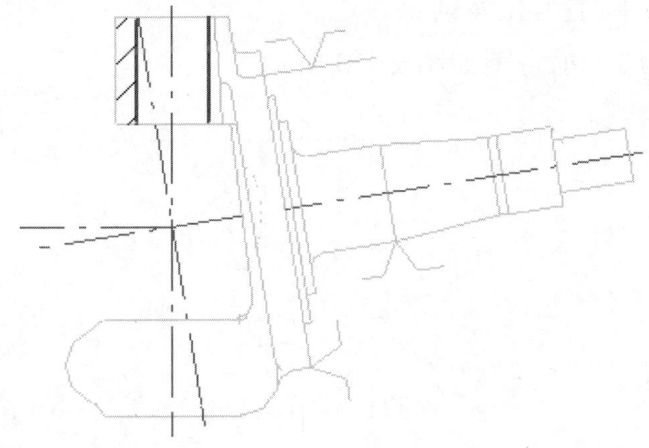

图 2–18　扩短耳主销孔加工示意图

16. 镗主销孔、倒角

（1）加工工步：镗主销孔；倒角。

（2）加工设备：镗孔专机（ZHT32W32 × 32）。

（3）夹具：镗主销孔夹具。

镗主销孔、倒角加工示意图如图 2–19 所示。

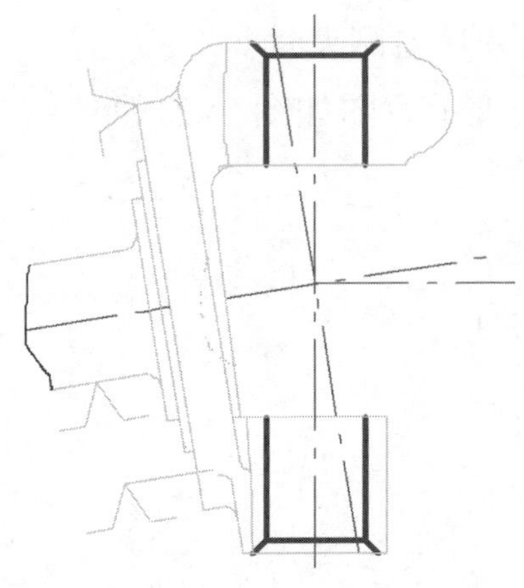

图 2–19　镗主销孔、倒角加工示意图

17. 拉主销孔

（1）加工工步：拉主销孔。

（2）加工设备：拉床（L6120）。

（3）夹具：拉主销孔夹具。

拉主销孔加工示意图如图 2–20 所示。

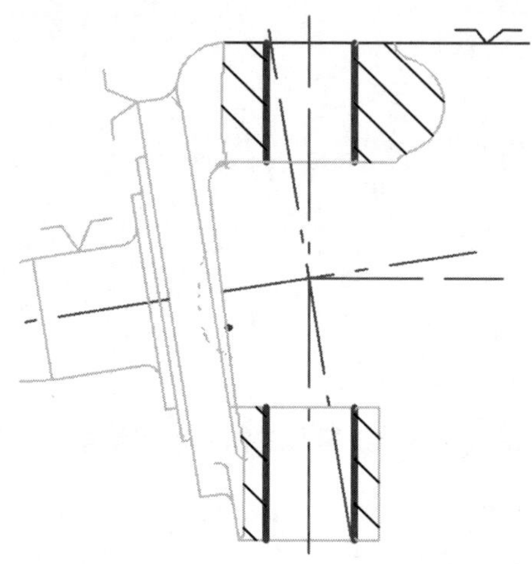

图 2–20　拉主销孔加工示意图

18. 半精铣叉耳内侧

（1）加工工步：半精铣叉耳内侧。

（2）加工设备：组合铣床（ZHX50W40）。

（3）夹具：半精铣叉耳内侧夹具。

半精铣叉耳内侧加工示意图如图 2–21 所示。

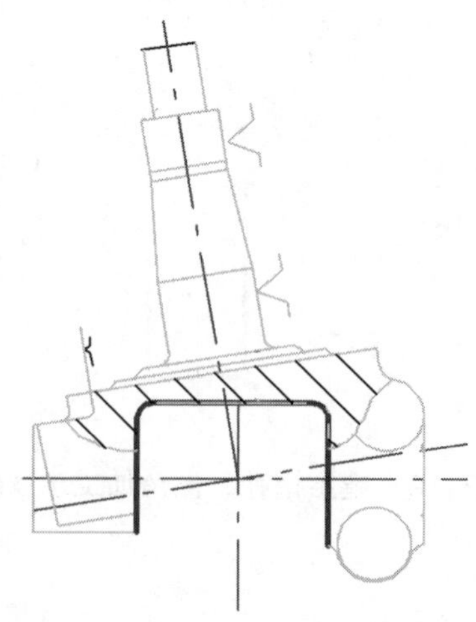

图 2–21　半精铣叉耳内侧加工示意图

19. 精铣叉耳内侧

（1）加工工步：精铣叉耳内侧。

（2）加工设备：组合铣床（ZHX50W40）。

（3）夹具：精铣叉耳内侧夹具。

精铣叉耳内侧加工示意图如图 2–22 所示。

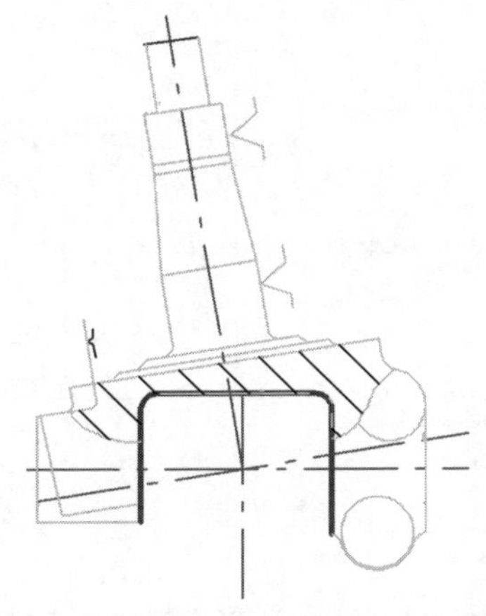

图 2–22　精铣叉耳内侧加工示意图

20. 铣左件长耳侧面

（1）加工工步：铣左件长耳侧面。

（2）加工设备：立式铣床 (B1–400K)。

（3）夹具：铣左件长耳侧面夹具。

铣左件长耳侧面加工示意图如图 2–23 所示。

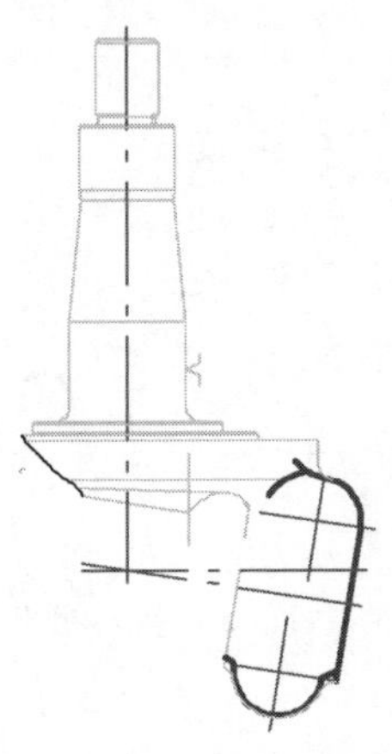

图 2–23　铣左件长耳侧面加工示意图

21. 铣短耳两平面

（1）加工工步：铣短耳两平面。

（2）加工设备：立式铣床（B1-400K）。

（3）夹具：铣短耳两平面夹具。

铣短耳两平面加工示意图如图 2-24 所示。

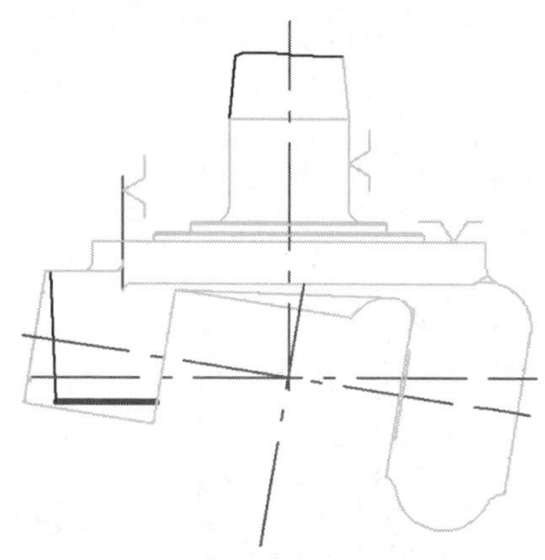

图 2-24　铣短耳两平面加工示意图

22. 钻左件长耳两孔

（1）加工工步：钻左件长耳两孔。

（2）加工设备：钻床（Z3032）。

（3）夹具：钻左件长耳两孔夹具。

钻左件长耳两孔加工示意图如图 2-25 所示。

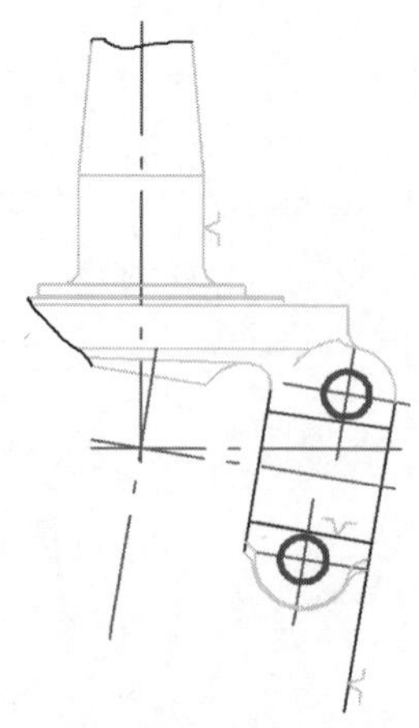

图 2-25　钻左件长耳两孔加工示意图

23. 左件长耳两孔倒角、攻丝

（1）加工工步：左件长耳两孔倒角；左件长耳两孔攻丝。

（2）加工设备：台钻（Z516）、钻床（Z3032）。

（3）夹具：左件长耳两孔倒角、攻丝夹具。

左件长耳两孔倒角、攻丝加工示意图如图 2–26 所示。

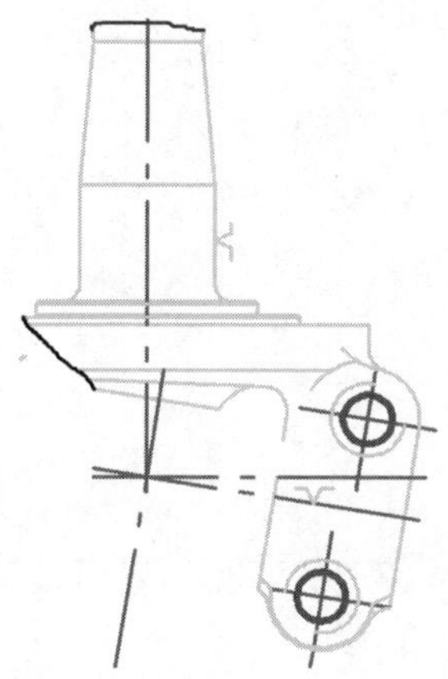

图 2–26　左件长耳两孔倒角、攻丝加工示意图

24. 钻短耳两孔

（1）加工工步：钻短耳两孔。

（2）加工设备：钻床（Z3032）。

（3）夹具：钻短耳两孔夹具。

钻短耳两孔加工示意图如图 2–27 所示。

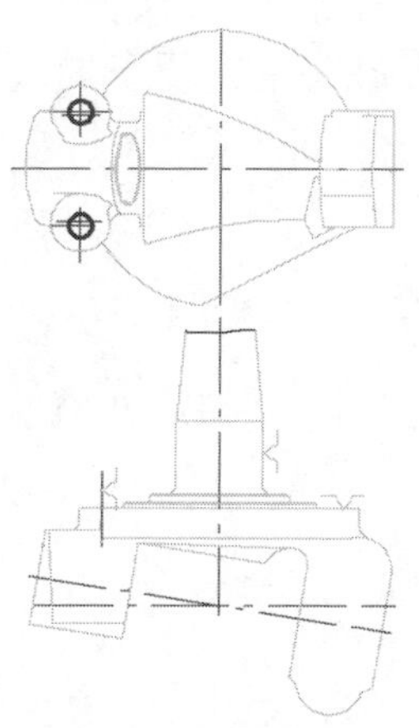

图 2–27　钻短耳两孔加工示意图

25. 短耳两孔倒角、攻丝

（1）加工工步：短耳两孔倒角；短耳两孔攻丝。

（2）加工设备：台钻（Z516）、钻床（Z3025）。

（3）夹具：短耳两孔倒角、攻丝夹具。

短耳两孔倒角、攻丝加工示意图如图 2–28 所示。

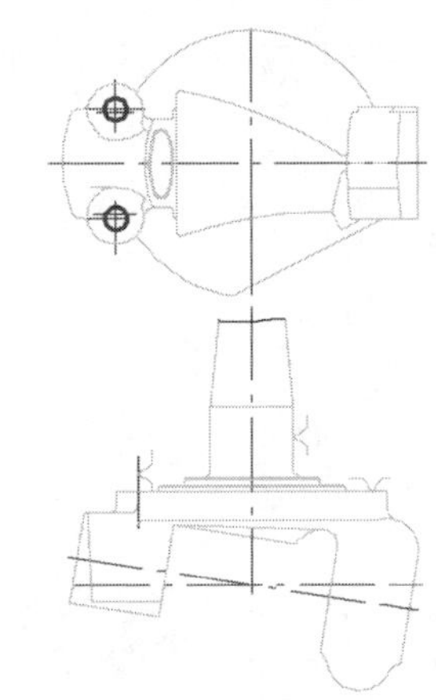

图 2–28　短耳两孔倒角、攻丝加工示意图

26. 钻长耳侧面螺纹孔底孔

（1）加工工步：钻长耳侧面螺纹孔底孔。

（2）加工设备：钻床（Z515）。

（3）夹具：钻长耳侧面螺纹孔底孔夹具。

钻长耳侧面螺纹孔底孔加工示意图如图 2–29 所示。

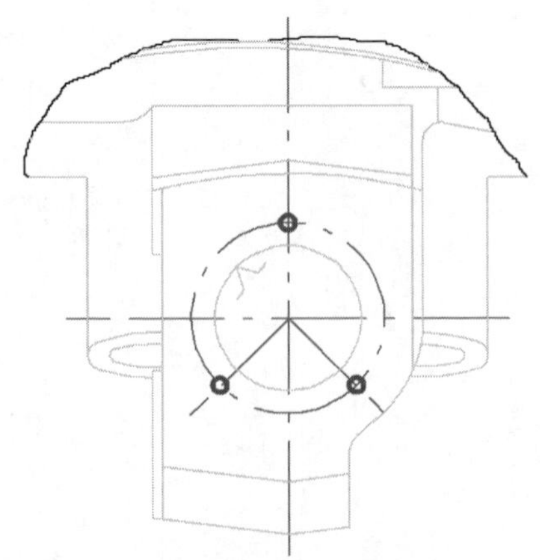

图 2–29　钻长耳侧面螺纹孔底孔加工示意图

27. 倒、攻长耳侧面螺纹孔

（1）加工工步：倒长耳侧面螺纹孔；攻长耳侧面螺纹孔。

（2）加工设备：钻床（Z515）、摇臂钻床（Z3032）。

（3）夹具：攻丝夹具。

倒、攻长耳侧面螺纹孔加工示意图如图 2–30 所示。

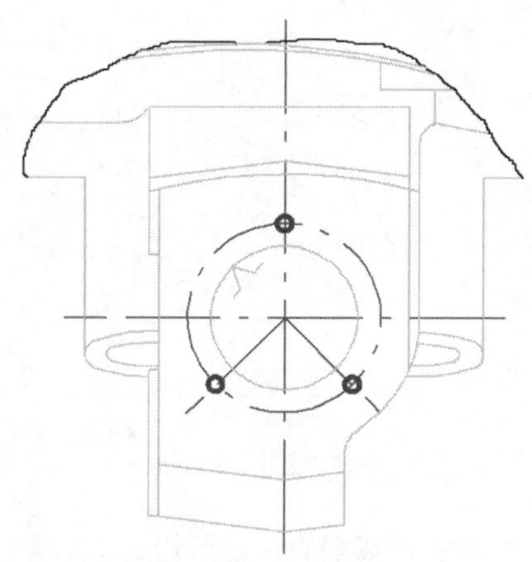

图 2–30　倒、攻长耳侧面螺纹孔加工示意图

28. 锪、倒、攻盘部螺纹孔

（1）加工工步：锪盘部螺纹孔；倒盘部螺纹孔；攻盘部螺纹孔。

（2）加工设备：钻床（Z3025）。

（3）夹具：攻盘部螺纹孔夹具。

锪、倒、攻盘部螺纹孔加工示意图如图 2–31 所示。

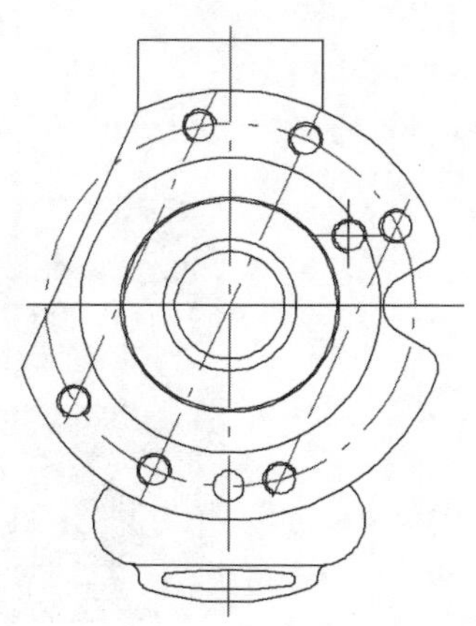

图 2–31　锪、倒、攻盘部螺纹孔加工示意图

29. 车滚前直径定长短

（1）加工工步：车滚前直径；定长短。

（2）加工设备：车床（C620）。

（3）夹具：顶尖、拨盘。

车滚前直径定长短加工示意图如图 2–32 所示。

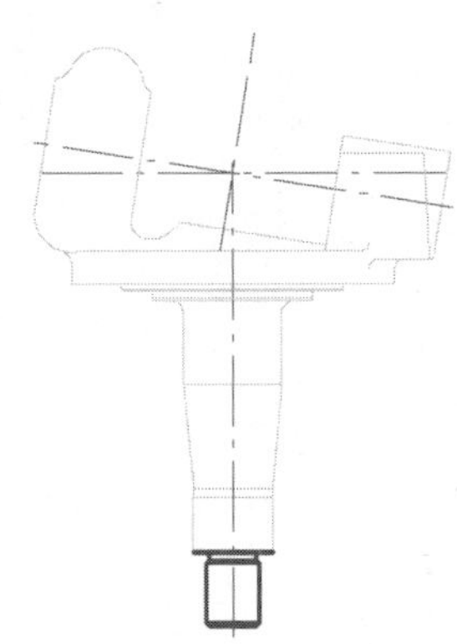

图 2–32　车滚前直径定长短加工示意图

30. 滚轴端螺纹

（1）加工工步：滚轴端螺纹。

（2）加工设备：滚丝机（ZA28–20）。

（3）夹具：滚丝夹具。

滚轴端螺纹加工示意图如图 2–33 所示。滚丝机（ZA28–20）设备图如图 2–34 所示。

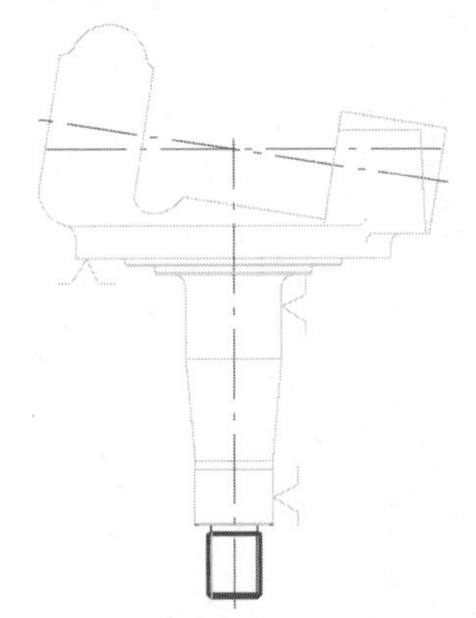

图 2–33　滚轴端螺纹加工示意图

图 2–34　滚丝机（ZA28–20）设备图

31. 铣螺纹处键槽

（1）加工工步：铣螺纹处键槽。

（2）加工设备：铣床（ZHX25L25）。

（3）夹具：铣螺纹处键槽夹具。

铣螺纹处键槽加工示意图如图 2–35 所示。铣床（ZHX25L25）设备图如图 2–36 所示。

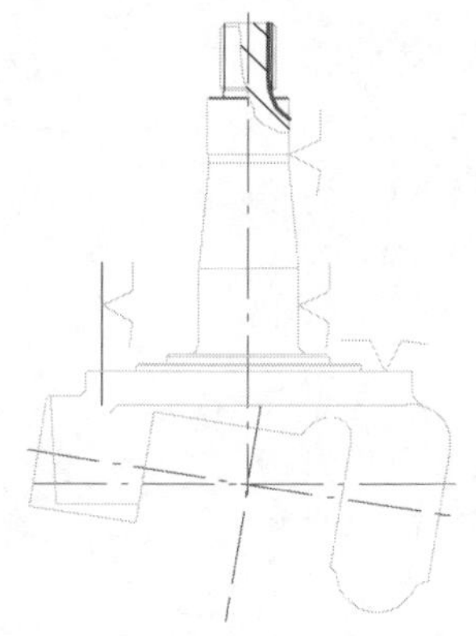

图 2–35　铣螺纹处键槽加工示意图

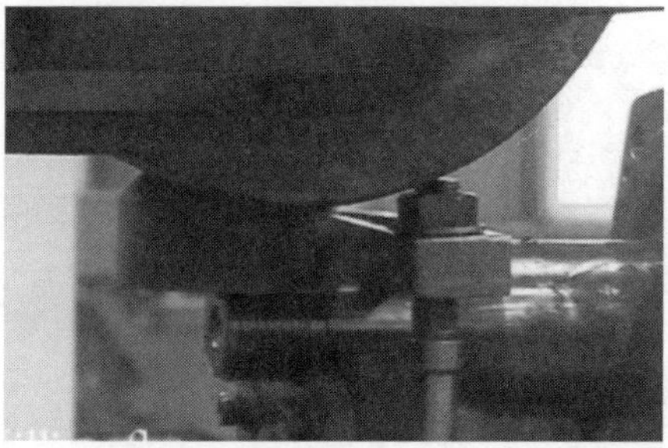

图 2–36　铣床（ZHX25L25）设备图

32. 精磨内 / 外轴颈

（1）加工工步：精磨内轴颈；精磨外轴颈。

（2）加工设备：磨床（MQ8240）。

（3）夹具：顶尖、拨盘。

精磨内 / 外轴颈加工示意图如图 2–37 所示。

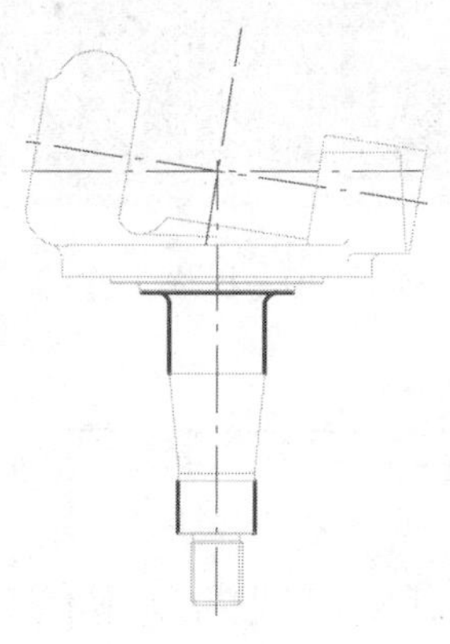

图 2–37　精磨内 / 外轴颈加工示意图

33. 压套

（1）加工工步：将衬套压入叉耳两孔；挤压衬套孔加工。

（2）设备：63T 压床。

（3）夹具：衬套压装辅具。

压套加工示意图如图 2–38 所示。

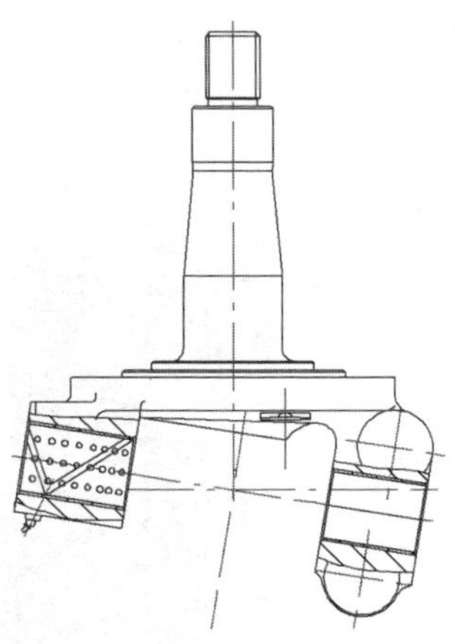

图 2–38　压套加工示意图

34. 探伤

探伤工作图如图 2–39 所示。

图 2–39　探伤工作图

2.2.2　三环锻造第二代转向节生产线

三环锻造第二代转向节生产线的基本信息包括：整线由 60 人组成（2 班次），包含 1 名工段长、1 名质检员和 58 名操作工；整线加工工艺共 29 道工序，33 台加工设备；整线生产产能 260 件 / 天。

整线加工流程如下。

1. 铣端面、打中心孔

（1）加工工步：铣杆头端面；钻杆头中心孔和内档中心孔。

（2）加工设备：铣打专机。

（3）夹具：采用轴颈、长短耳侧面定位。

铣端面、打中心孔加工示意图如图 2–40 所示。铣打专机设备图如图 2–41 所示。铣打夹具设备图如图 2–42 所示。

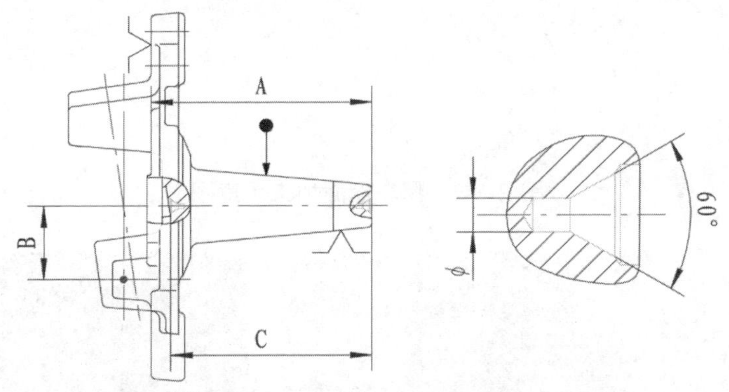

图 2–40　铣端面、打中心孔加工示意图

图 2–41　铣打专机设备图

图 2–42　铣打夹具设备图

2. 粗车盘面

（1）加工工步：粗车盘部端面；粗车止口端面。

（2）加工设备：双柱立车。

（3）夹具：拨盘 / 顶尖。

粗车盘面加工示意图如图 2–43 所示。双柱立车设备图如图 2–44 所示。立车夹具设备图如图 2–45 所示。

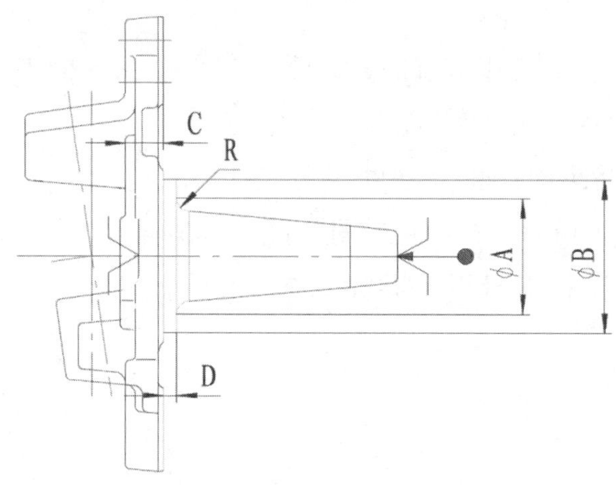

图 2–43　粗车盘面加工示意图

图 2–44　双柱立车设备图

图 2–45　立车夹具设备图

3. 粗仿轴径

（1）加工工步：粗仿轴径。

（2）加工设备：仿形车床。

（3）夹具：拨盘 / 顶尖 / 仿模。

粗仿轴径加工示意图如图 2–46 所示。仿形车床设备图如图 2–47 所示。

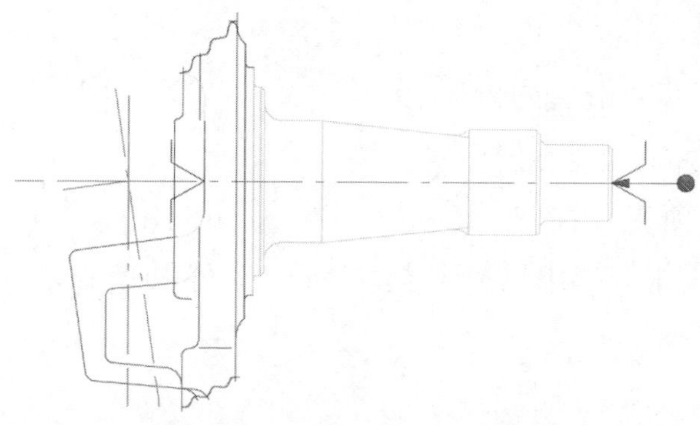

图 2–46　粗仿轴径加工示意图

图 2–47　仿形车床设备图

4. 精仿轴径

（1）加工工步：精仿轴径。

（2）加工设备：仿形车床。

（3）夹具：拨盘 / 顶尖 / 仿模。

精仿轴径加工示意图如图 2–48 所示。

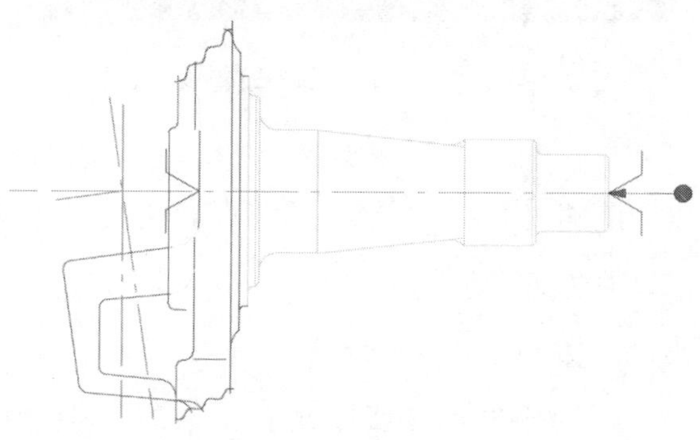

图 2–48　精仿轴径加工示意图

5. 粗磨轴径

（1）加工工步：粗磨内外轴径。

（2）加工设备：外圆磨床。

（3）夹具：顶尖、拨盘。

粗磨轴径加工示意图如图 2–49 所示，外圆磨床设备图如图 2–50 所示。

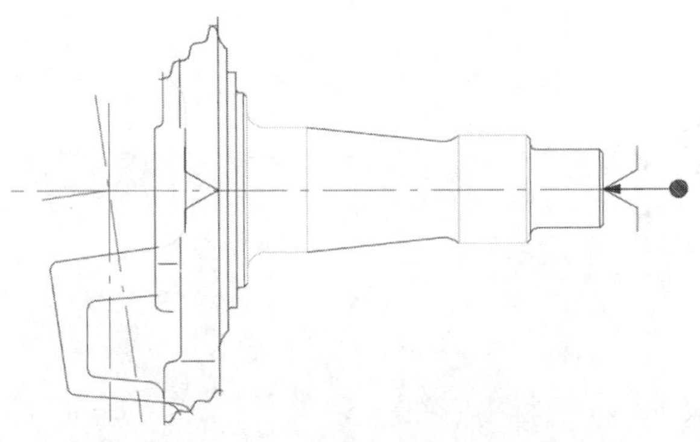

图 2–49　粗磨轴径加工示意图

图 2–50　外圆磨床设备图

6. 精车大面

（1）加工工步：精车止口及盘面。

（2）加工设备：数控车床。

（3）夹具：顶尖、拨盘。

精车大面加工示意图如图 2–51 所示。数控车床设备图如图 2–52 所示。

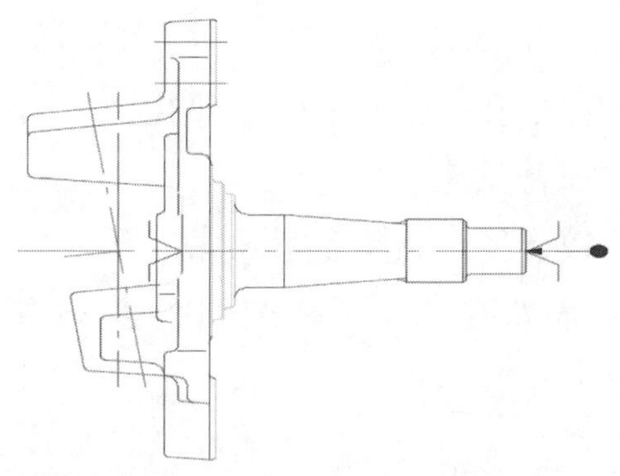

图 2-51　精车大面加工示意图

图 2-52　数控车床设备图

7. 钻大面八孔

（1）加工工步：钻盘面六孔及 ABS 孔粗孔。

（2）加工设备：多孔钻床。

（3）夹具：钻大面夹具。

钻大面八孔加工示意图如图 2-53 所示。多孔钻床设备图如图 2-54 所示。

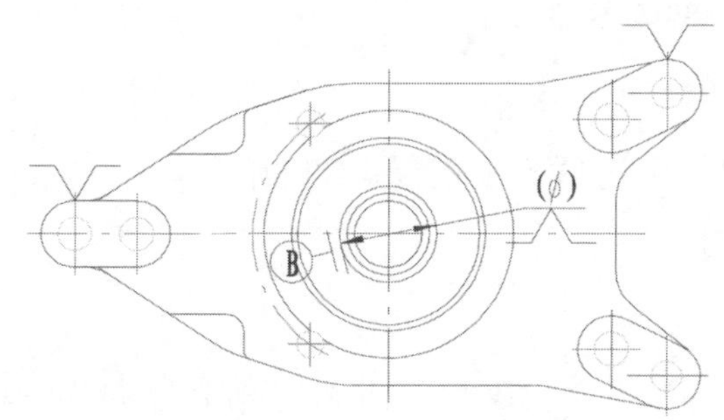

图 2-53　钻大面八孔加工示意图

图 2-54　多孔钻床设备图

8. 孔口倒角、铰大面八孔

（1）加工工步：盘部孔口倒角；铰盘部孔。

（2）加工设备：摇臂钻床。

（3）夹具：倒、铰、锪、攻大面孔夹具。

孔口倒角、铰大面八孔加工示意图如图 2–55 所示。摇臂钻床设备图如图 2–56 所示。

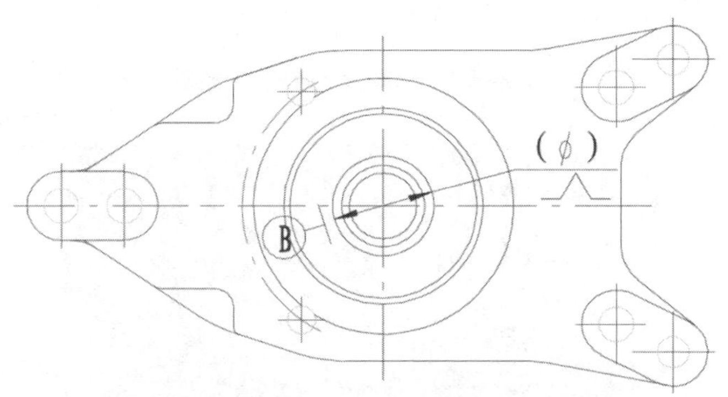

图 2–55　孔口倒角、铰大面八孔加工示意图

图 2–56　摇臂钻床设备图

9. 粗铣叉耳内外侧

（1）加工工步：粗铣叉耳内侧；粗挖底；粗铣叉耳外侧。

（2）加工设备：四工位组合铣床。

（3）夹具：铣内外侧夹具。

粗铣叉耳内外侧加工示意图如图 2–57 所示。四工位组合铣床设备图如图 2–58 所示。铣内外侧夹具设备图如图 2–59 所示。

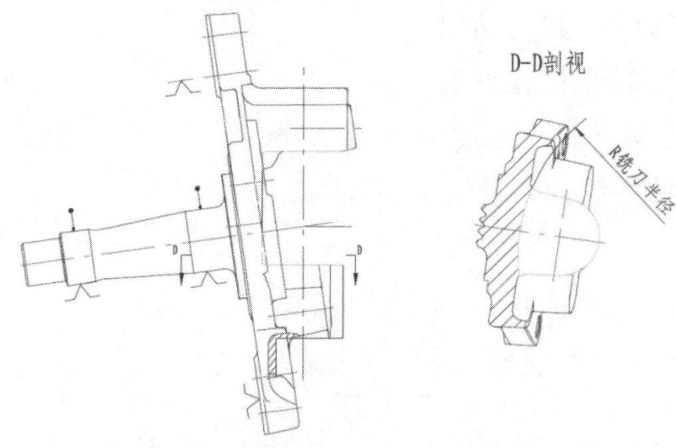

图 2-57　粗铣叉耳内外侧加工示意图

图 2-58　四工位组合铣床设备图

图 2-59　铣内外侧夹具设备图

10. 钻主销孔初孔

（1）加工工步：钻两侧主销孔初孔。

（2）加工设备：强力钻床。

（3）夹具：钻主销孔夹具。

钻主销孔初孔加工示意图如图 2-60 所示。强力钻床设备图如图 2-61 所示。钻主销孔夹具设备图如图 2-62 所示。

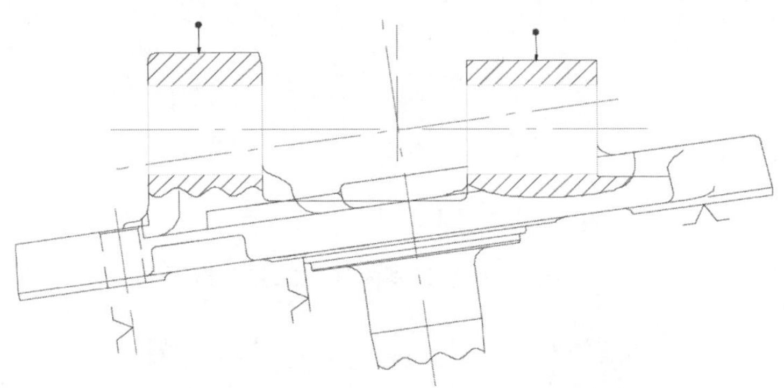

图 2-60　钻主销孔初孔加工示意图

图 2-61　强力钻床设备图

图 2-62　钻主销孔夹具设备图

11. 铣主销孔下耳顶平面

（1）加工工步：铣主销孔下耳顶平面。

（2）加工设备：立式铣床。

（3）夹具：铣下耳顶平面夹具。

铣主销孔下耳顶平面加工示意图如图 2–63 所示。

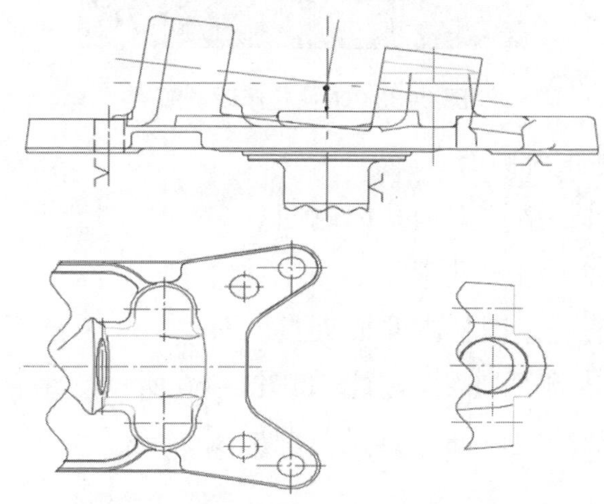

图 2–63　铣主销孔下耳顶平面加工示意图

12. 精镗主销孔

（1）加工工步：精镗上下主销孔。

（2）加工设备：对头镗床。

（3）夹具：精镗主销孔夹具。

精镗主销孔加工示意图如图 2–64 所示。对头镗床设备图如图 2–65 所示。

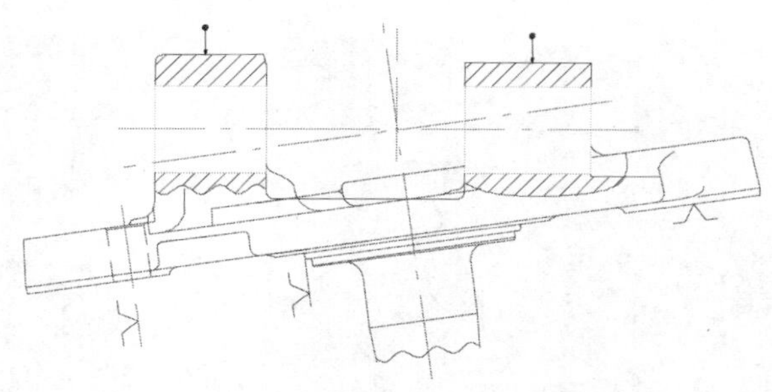

图 2–64　精镗主销孔加工示意图

图 2-65　对头镗床设备图

13. 精铣主销孔内侧面

（1）加工工步：精铣主销孔内侧面。

（2）加工设备：组合铣床。

（3）夹具：精铣主销孔内侧面夹具。

精铣主销孔内侧面加工示意图如图 2-66 所示。组合铣床设备图如图 2-67 所示。精铣内侧面夹具设备图如图 2-68 所示。

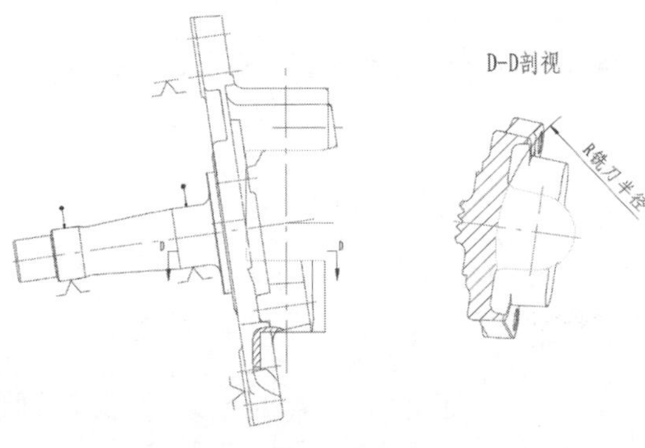

图 2-66　精铣主销孔内侧面加工示意图

图 2-67　组合铣床设备图

图 2-68　精铣内侧面夹具设备图

14. 铣上耳顶平面

（1）加工工步：铣上耳顶平面。

（2）加工设备：立式铣床。

（3）夹具：铣上耳顶平面夹具。

铣上耳顶平面加工示意图如图 2–69 所示。立式铣床设备图如图 2–70 所示。

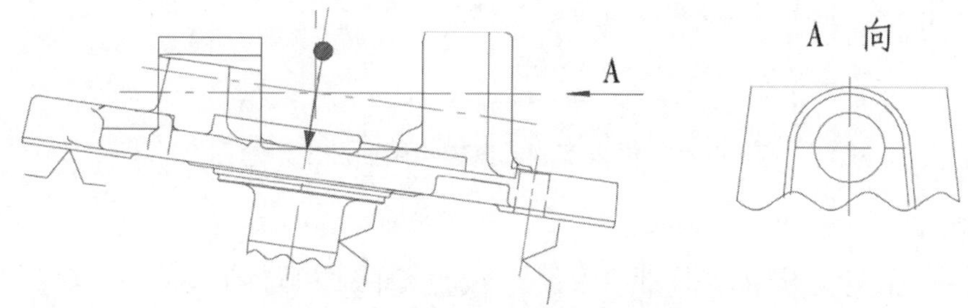

图 2–69　铣上耳顶平面加工示意图

图 2–70　立式铣床设备图

15. 铣盘部制动器连接平面

（1）加工工步：铣 3 处盘部制动器连接平面。

（2）加工设备：铣打专机。

（3）夹具：铣 3–R60 平面夹具。

铣盘部制动器连接平面加工示意图如图 2–71 所示。

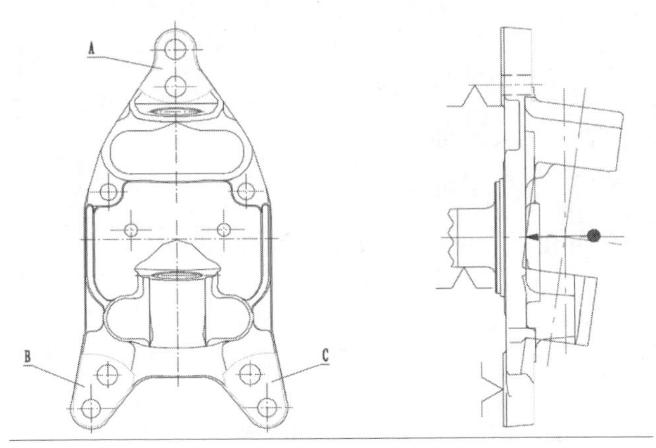

图 2–71　铣盘部制动器连接平面加工示意图

16. 锪、倒、攻大面孔

（1）加工工步：锪盘部孔；倒、攻盘部限位螺栓孔。

（2）加工设备：摇臂钻床。

（3）夹具：锪、倒、攻大面孔夹具。

锪、倒、攻大面孔加工示意图如图 2–72 所示，摇臂钻床设备图如图 2–73 所示。

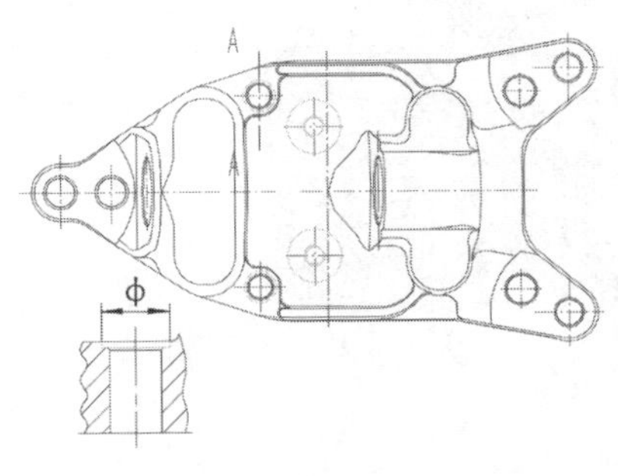

图 2–72　锪、倒、攻大面孔加工示意图

图 2–73　摇臂钻床设备图

17. 钻下主销孔顶部两孔

（1）加工工步：钻下主销孔顶部两螺纹孔底孔。

（2）加工设备：摇臂钻床。

（3）夹具：钻短耳两孔夹具。

钻下主销孔顶部两孔加工示意图如图 2–74 所示。

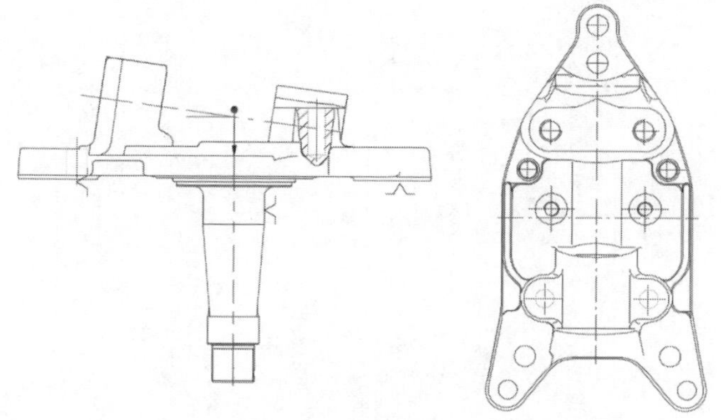

图2-74 钻下主销孔顶部两孔加工示意图

18. 倒、攻下主销孔顶部两螺纹孔

(1)加工工步:倒、攻下主销孔顶部两螺纹孔。

(2)加工设备:摇臂钻床。

(3)夹具:倒、攻短耳两孔夹具。

倒、攻下主销孔顶部两螺纹孔加工示意图如图2-75所示。

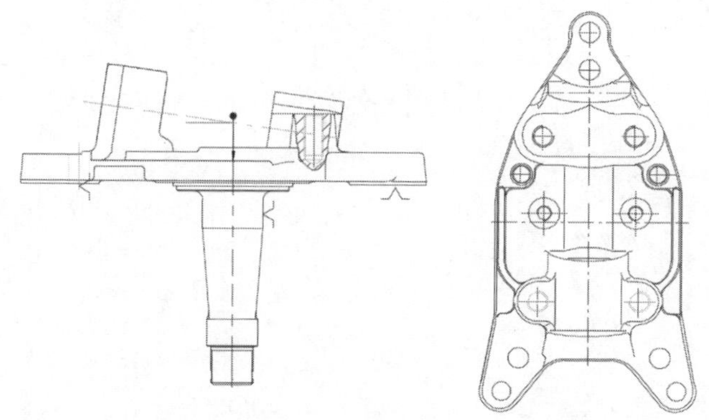

图2-75 倒、攻下主销孔顶部两螺纹孔加工示意图

19. 钻上主销孔顶部两孔

(1)加工工步:钻上主销孔顶部两螺纹孔底孔。

(2)加工设备:摇臂钻床。

(3)夹具:钻长耳两孔夹具。

钻上主销孔顶部两孔加工示意图如图2-76所示。

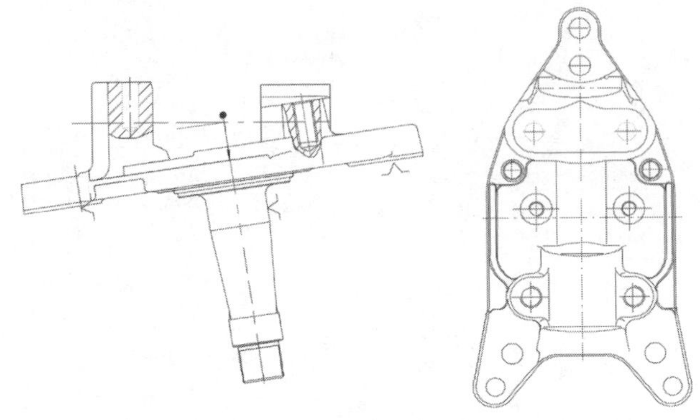

图 2-76　钻上主销孔顶部两孔加工示意图

20. 倒、攻上主销孔顶部两螺纹孔

（1）加工工步：上主销孔顶部两螺纹孔倒角、攻丝。

（2）加工设备：摇臂钻床。

（3）夹具：倒、攻长耳两孔夹具。

倒、攻上主销孔顶部两螺纹孔加工示意图如图 2-77 所示。

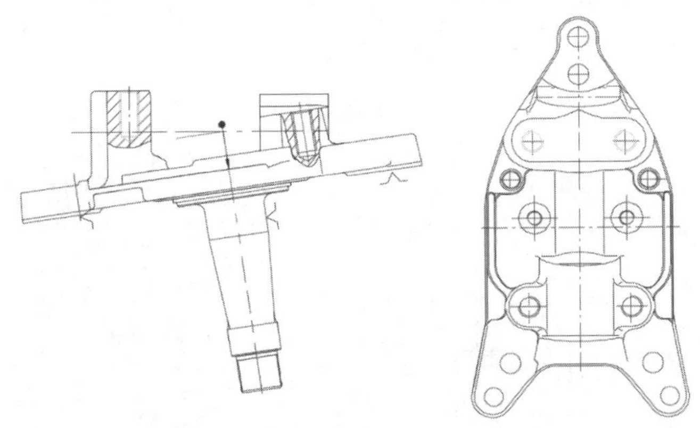

图 2-77　倒、攻上主销孔顶部两螺纹孔加工示意图

21. 车轴端螺纹滚前直径

（1）加工工步：定长短、倒角、车轴端螺纹滚前直径。

（2）加工设备：数控车床。

（3）夹具：顶尖、拨盘。

车轴端螺纹滚前直径加工示意图如图 2-78 所示，数控车床设备图如图 2-79 所示。

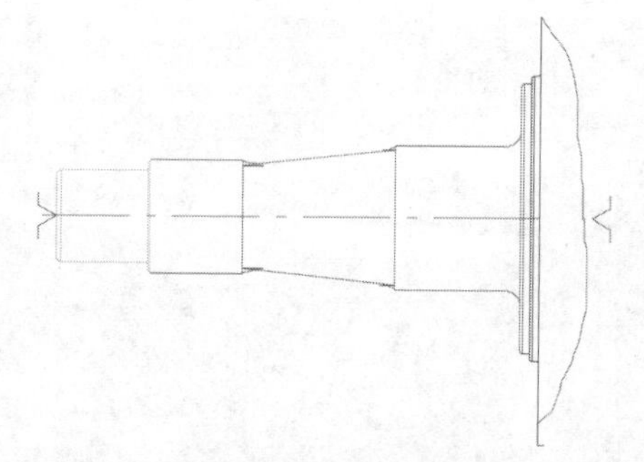

图 2-78　车轴端螺纹滚前直径加工示意图

图 2-79　数控车床设备图

22. 滚压轴端螺纹

（1）加工工步：滚压轴端螺纹。

（2）加工设备：滚丝机。

（3）夹具：滚丝轮。

滚压轴端螺纹加工示意图如图 2-80 所示，滚丝机设备图如图 2-81 所示。

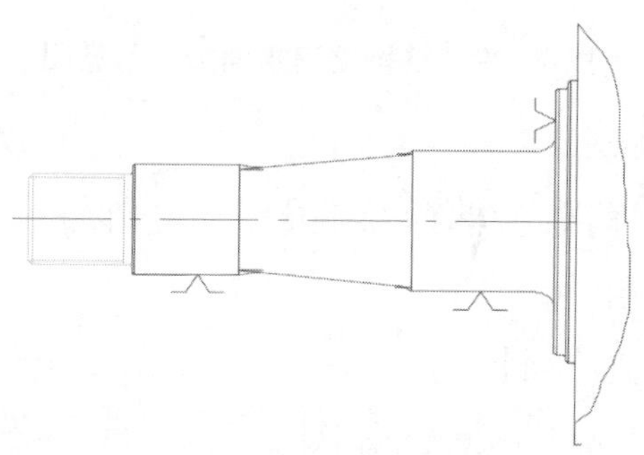

图 2-80　滚压轴端螺纹加工示意图

图 2-81　滚丝机设备图

23. 铣轴端扁平面

（1）加工工步：铣轴端扁平面。

（2）加工设备：立式铣床。

（3）夹具：铣扁夹具。

铣轴端扁平面加工示意图如图 2-82 所示。

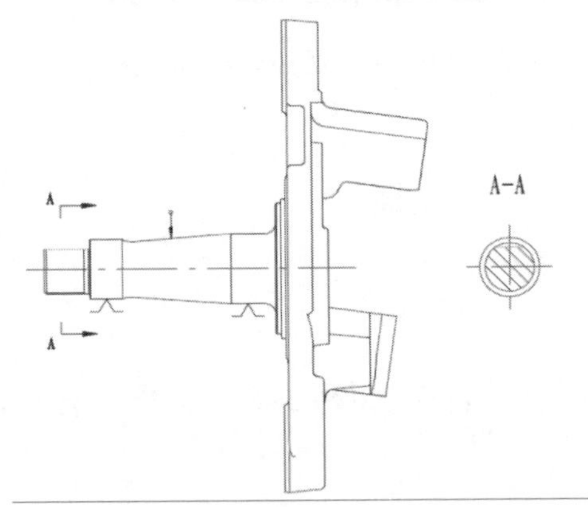

图 2-82　铣轴端扁平面加工示意图

24. 精磨内 / 外轴径

（1）加工工步：精磨内轴径及端面；精磨外轴径及端面。

（2）加工设备：磨床。

（3）夹具：拨盘、顶针。

精磨内 / 外轴径加工示意图如图 2-83 所示，磨床设备图如图 2-84 所示。

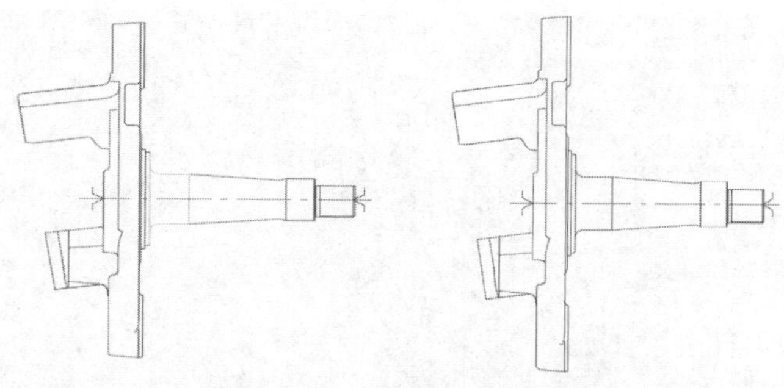

图 2–83　精磨内 / 外轴径加工示意图

图 2–84　磨床设备图

25. 钻轴端十字孔

（1）加工工步：钻轴端十字孔。

（2）加工设备：台钻。

（3）夹具：钻十字孔夹具。

钻轴端十字孔加工示意图如图 2–85 所示，台钻设备图如图 2–86 所示。

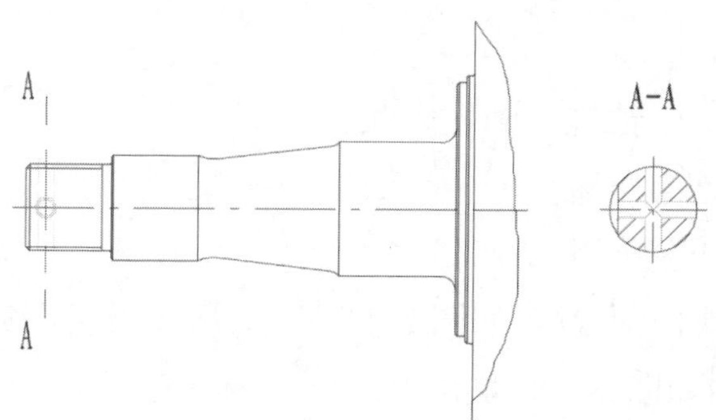

图 2–85　钻轴端十字孔加工示意图

图 2–86 台钻设备图

26. 倒轴端十字孔

（1）加工工步：倒轴端十字孔。

（2）加工设备：台钻。

（3）夹具：倒十字孔夹具。

倒轴端十字孔加工示意图如图 2–87 所示。

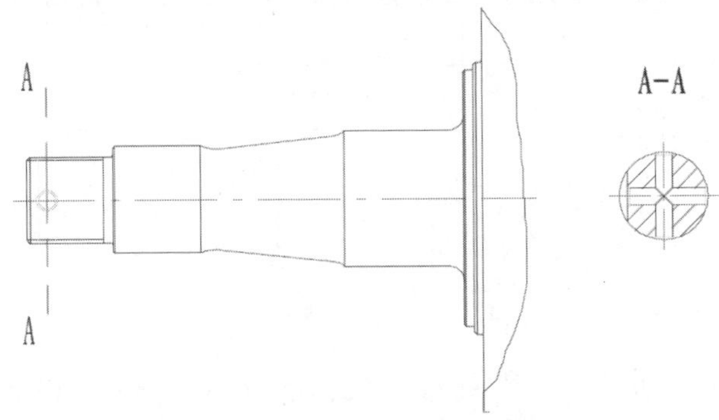

图 2–87 倒轴端十字孔加工示意图

27. 主销孔压套

（1）加工工步：精铣主销孔内侧面。

（2）加工设备：压床。

（3）夹具：压套夹具。

主销孔压套加工示意图如图 2–88 所示，压床设备图如图 2–89 所示，压套夹具设备图如图 2–90 所示。

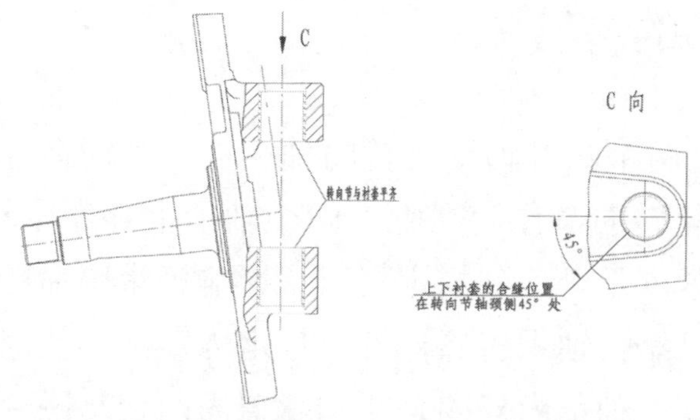

图 2–88　主销孔压套加工示意图

图 2–89　压床设备图

图 2–90　压套夹具设备图

28. 磁粉探伤

（1）加工内容：检测表面裂纹。

（2）加工设备：荧光磁粉探伤机。

荧光磁粉探伤机设备图如图 2–91 所示。

图 2–91　荧光磁粉探伤机设备图

2.3 转向节的装配

转向节通过两个圆锥轴承与转向轴相连，车辆在行驶过程中，整车重量经过车轮转向节作用在上下两个轴承上并产生较大的冲击力，故圆锥轴承预紧度是否达到规定要求是影响轴承寿命的关键因素。在装配过程中，只靠将轴承盖螺栓拧至规定力矩并不能确保圆锥轴承达到要求的预紧度。轴承内外圈是靠轴承盖内凸台与隔套之间相对作用力来压紧的。所以，即使轴承盖螺栓拧至规定力矩，但轴承盖与转向节之间的压紧力不同，也会影响轴承盖内凸台与轴承外圈之间的压紧力。因此，确保螺栓拧紧力矩通过轴承盖内凸台全部作用于轴承外圈，是保证轴承预紧度的关键因素。轴承盖内凸台与轴承都位于结构内部，在装配过程中无法观察其接触状况，因此很难判断圆锥轴承是否压紧。在维修中发现，要想使螺栓拧紧力矩全部传至轴承外圈，必须确保轴承盖与转向节座之间有一定间隙，可通过在轴承盖内凸台与轴承外圈之间加调整垫片解决。

2.4 转向节的检测

转向节锻件（锻造完成后没有经过后续处理的锻件）常见的检测方法有：目测法、划线检验法、量具检验法、样板检验法、高倍检验法、探伤检查法、三维扫描检测法等。

1. 目测法

锻件的表面质量如裂纹、折叠、凹坑等都可以经肉眼初步发现。锻件的变形、模锻件的错差等，比较严重的都可以凭经验通过肉眼发现。在生产现场，特别是工序的巡检中，往往来不及逐件检查锻件，为了使质量问题在生产中能及时发现，须由大量有实践经验的工人，通过目测检查锻件的质量。

2. 划线检验法

有些锻件形状复杂，用量具或样板无法检验，只能用划线方法来检验锻件的尺寸和形位错差。划线检验精度高，是常用的检测方法。划线检验如图 2–92 所示。

图 2–92　划线检验

3. 量具检验法

锻件检测中，常用的量具可分为通用量具和专用量具两大类。检验形位尺寸，要靠通用量具来检验，如钢板尺、角度尺、游标卡尺、高度尺、游标深度尺等。检验量具如图 2–93 所示。

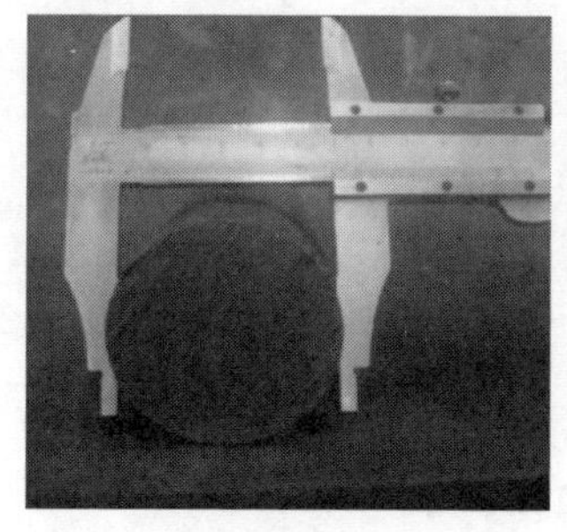

图 2–93　检验量具

4. 样板检验法

大批量的锻件和多角弯曲较复杂的锻件，常常采用样板和局部样板来检验形位尺寸。样板检验如图 2–94 所示。

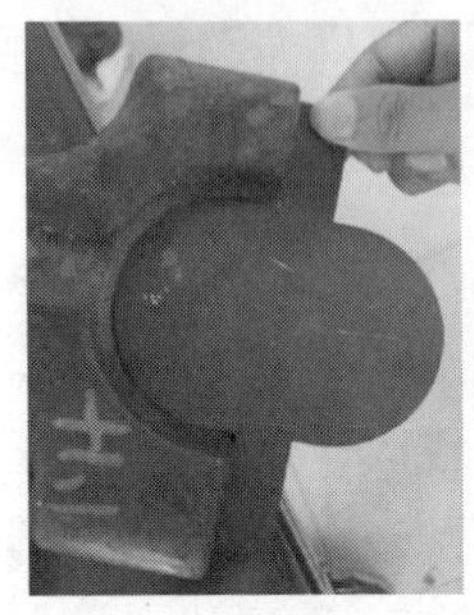

图 2–94　样板检验

5. 高倍检验法

高倍检验法是用光学显微镜或电子显微镜观察锻件的金相组织、碳化物级别、偏析、锻件晶粒度等。金相显微镜如图 2–95 所示。

图 2–95　金相显微镜

6. 探伤检查法

通常采用无损探伤检查法来检查肉眼辨别不清的锻件质量问题，如裂纹、折叠等。无损探伤检查法有磁粉探伤和超声波探伤等。磁粉探伤如图 2–96 所示，超声波探伤仪如图 2–97 所示。

图 2–96　磁粉探伤

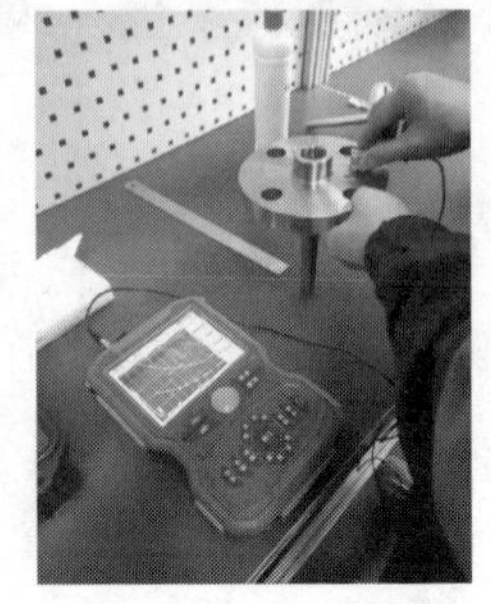

图 2–97　超声波探伤仪

7. 三维扫描检测法

除了传统锻模检测（图 2–98）外，目前多采用三维扫描检测转向节。三维扫描检测常用的扫描仪有蓝光三维扫描仪（图 2–99）和手持式激光扫描仪（图 2–100）。其中，蓝光三维扫描仪属于结构光扫描仪。结构光扫描和激光扫描原理如下。

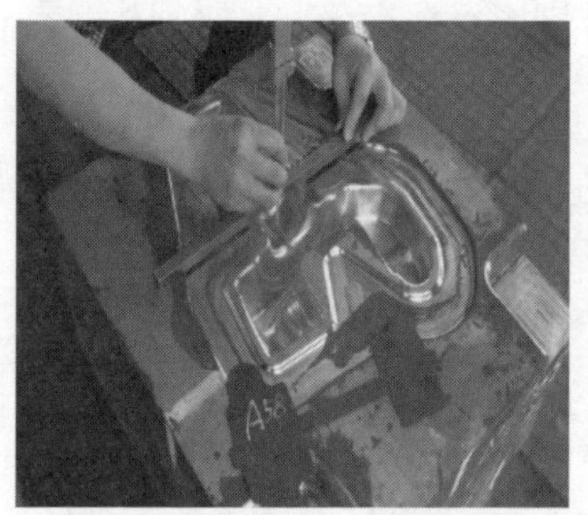
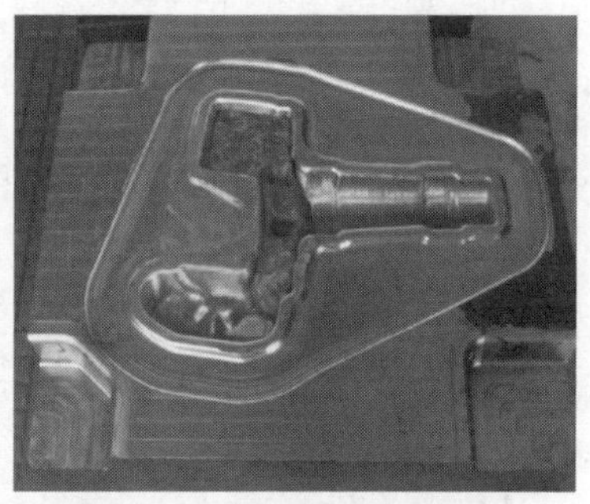

图 2–98　传统锻模检测

图 2–99　蓝光三维扫描仪

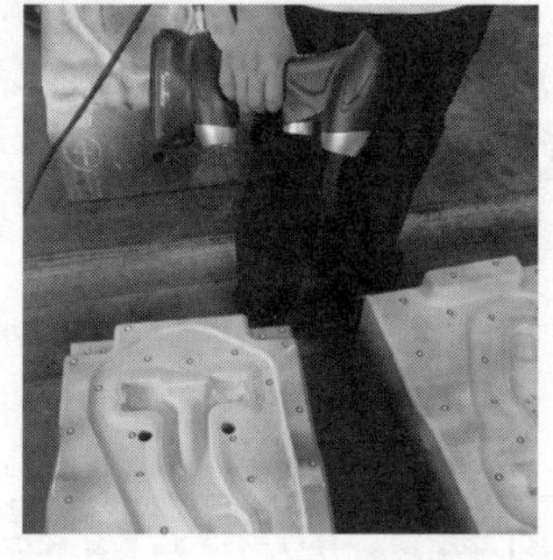

图 2–100　手持式激光扫描仪

（1）结构光扫描是将光栅连续投射到物体表面，摄像头同步采集图像，然后对图像进行计算，并利用相位稳步极线计算两幅图像上的三维空间坐标（X、Y、Z），从而实现对物体表面三维轮廓的测量。

（2）激光扫描仪是一种检测十分准确、快速且操作简单的仪器，且可装置于生产线，实现边生产边检验的仪器。激光扫描仪的基本结构包括激光光源及扫描器、受光感（检）测器、控制单元等部分。激光光源为密闭式光源，不易受环境的影响，且容易形成光束，目前常采用低功率的可见光激光，如氦氖激光、半导体激光等。扫描器为可旋转的多面棱规或双面镜，当光束射入扫描器后，扫描器就快速转动使激光反射成一个扫描光束[87]。光束扫描全过程中，若遇工件，则光束被挡住，由被挡范围可测知直径大小。因为精度要求高，测量前须先用两支已知尺寸的量规进行校正，然后将待测尺寸放置于两量规之间，经对激光产生的电子信号进行处理后，即可得到待测尺寸。

三维扫描检测具有精度高、测量范围大、可测量形状复杂的工件等优势。但由于扫描仪两视距的限制，不宜测量窄小的深型腔锻件。

将三维扫描仪扫描的数据和模具 3D 造型进行拟合对齐，可确定模具最终形状，如图 2-101 所示。

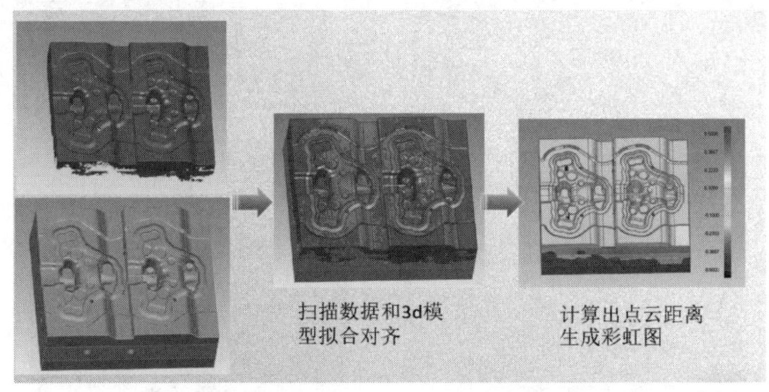

图 2-101　扫描数据和 3D 模型拟合对齐

2.5　产品全生命周期管理（PLM）

在产品设计、生产周期中，所有流程需要进行产品全生命周期管理（Product Lifecycle Management，PLM）。不论是产品前期设计、后期验证和修改，都要在 PLM 管理下进行调整和修正。一个完整产品的部件结构众多，会产生自身精度问题、自身强度受力问题，以及和其他部件配合等问题，需要统一调整，而不是单独调整一个产品的加工，因此在传统加工方法中，实施产品全生命周期管理是必要的。

产品全生命周期管理，即数据管理中心和协同作业管理。数据管理中心通过在产品、工艺、资源和车间数据之间建立关联，将其转换为结构化的知识并延伸到整个产品全生命周期。协同作业管理是通过规划部门、产品研发部门、生产工程部门和生产车间的高度信息共享，实现各部门间的并行协同作业，以支持工厂以产品为单元进行跨部门、跨阶段、跨专业的分析和优化。图 2–102 为 PLM 研发平台的功能示意图，图 2–103 为 PLM 系统组成图。

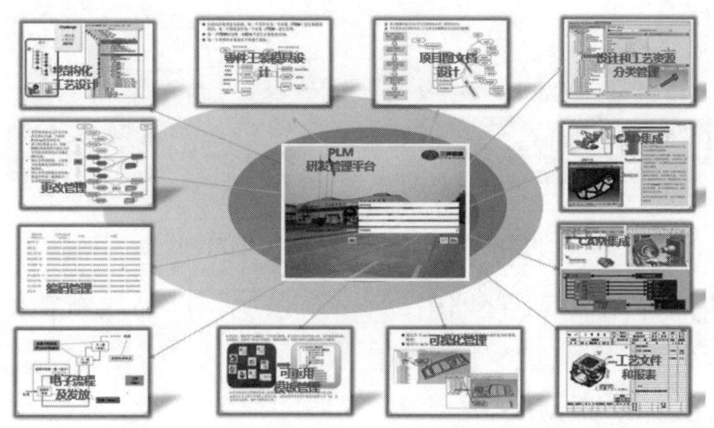

图 2–102　PLM 研发平台的功能示意图

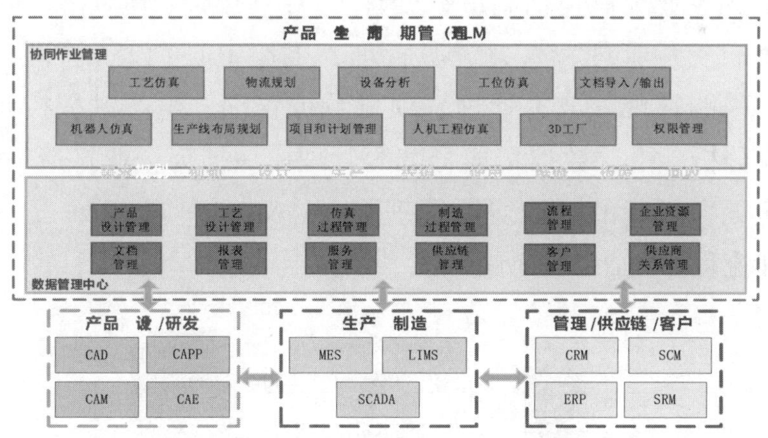

图 2–103　PLM 系统组成图

PLM 是以产品为组织单元，实现产品的需求、设计、制造、销售、客户反馈等方面全生命周期数字化信息的全面集成和共享。

作为 PLM 解决方案的核心，数据管理中心主要包括：产品设计管理、工艺设计管理、仿真过程管理、制造过程管理、文档管理、企业资源管理、供应商关系管理、供应链管理、客户管理、服务管理、报表管理、流程管理。数据管理中心组成图如图 2–104 所示。

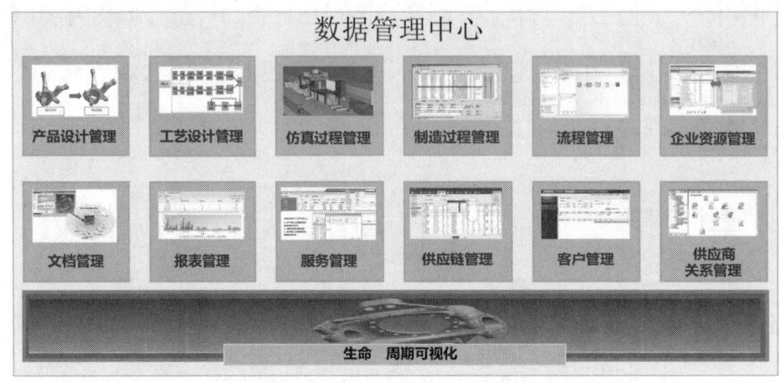

图 2–104 数据管理中心组成图

下面重点介绍 PLM 管理中的 MES 系统、产品质量追溯、设备监控管理。

1. 制造执行系统 MES

MES 系统是一套面向制造企业车间执行层的生产信息化管理系统。MES 可以为企业提供包括制造数据管理、计划排程管理、生产调度管理、库存管理、质量管理、人力资源管理、工作中心 / 设备管理、工具工装管理、采购管理、成本管理、项目看板管理、生产过程控制、底层数据集成分析、上层数据集成分解等管理模块，为企业打造一个扎实、可靠、全面、可行的制造协同管理平台。MES 实施成效——ANDON 报警管理流程如图 2–105 所示。

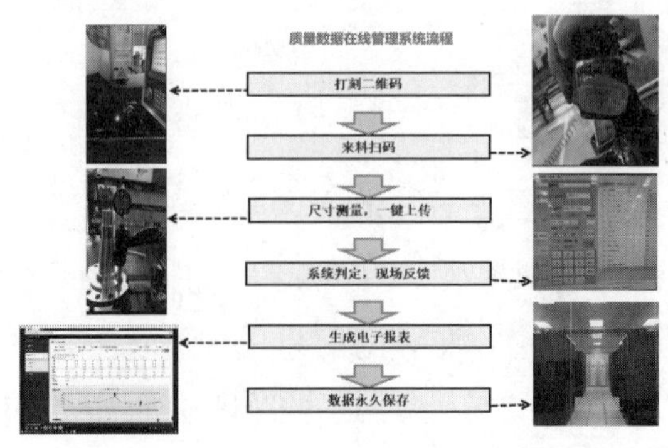

图 2–105 MES 实施成效——ANDON 报警管理流程

2. 执行层信息物联技术——产品质量追溯

每个零件都有固定的编码身份，通过扫码能够查询到该零件是哪天几时几分机加工和锻造的，什么设备制造的，及其相应的设备、工艺参数和质量信息，一直追溯到原材料的信息，如图 2–106 所示。

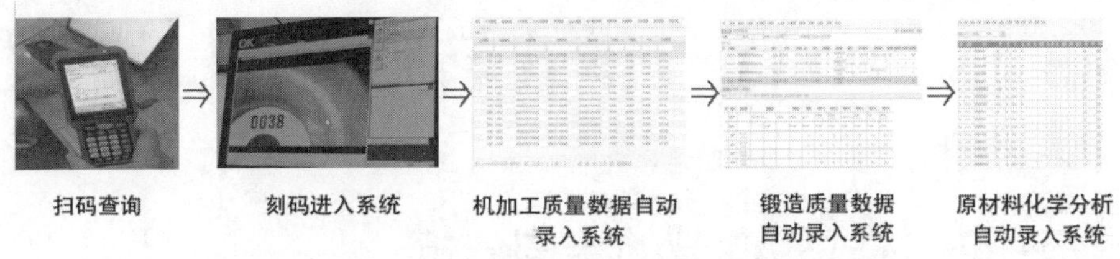

图 2–106　用编码身份可进行产品质量追溯

3. 执行层信息物联技术——设备监控管理

设备监控管理通过设备互联互通，实时监控设备故障信息，收集分析故障类型，通过预防性维护，提高设备综合效率。设备监控管理分析如图 2–107 所示。

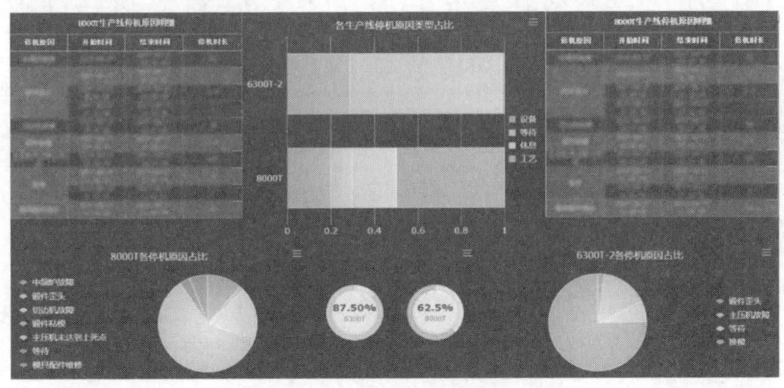

图 2–107　设备监控管理分析

第 3 章　节臂一体式转向节加工工艺

3.1　节臂一体式转向节的结构分析

转向臂一体化成形的汽车盘式转向节结构图如图 3–1 所示。其包括杆部、盘部、耳部，耳部包括长耳、短耳，长耳、短耳分别设置有主销孔。该盘式转向节一体锻造成形，盘部所在平面上的长耳向两侧分别水平伸出，用于连接制动钳的连接臂，连接臂与主销孔形成一字形。在图 3–1 中，该产品利用了短耳的结构特点，将转向臂和短耳设置为一根弯曲的臂，该弯曲的臂先弯曲后锻造，避免成形方向与锻造方向不一致导致难以锻造。该产品将转向臂直接与盘式转向节一体成形，减少了连接装置，通过转向臂与其他零件连接，简化了汽车转向系统的结构，从而获得一种结构轻量化的新型盘式转向节，该产品在保证机械性能的前提下实现了汽车盘式转向节的轻量化[88]。

该产品长耳两侧设置有凸台，凸台设置了与拉杆臂连接的连接孔，该凸台与长耳是一个整体凸块，利用了长耳本身的结构特征，简化了耳部结构。转向臂的末端设置有弯头，该弯头处设置了连接转向横拉杆的连接孔。连接臂设置了安装制动钳的安装孔，该安装孔的中心线与杆部的轴线平行。该盘式转向节的锻造分模面为盘部、连接臂所在的面，并向上沿转向臂的方向延伸。转向臂的厚度小于短耳的主销孔处的厚度[89]。

图 3-1　转向臂一体化成形的汽车盘式转向节结构图

3.2　节臂一体式转向节的特点和性能

轻量化是汽车发展的趋势，在不影响汽车安全和性能的前提下整合零件，减少总成零件的体积是汽车轻量化的手段之一，将转向节和转向节臂一体式设计，不仅减轻了总重量，而且提高了零部件强度。

节臂一体式转向节主要适用于商用车前桥总成。其特点是把传统的商用车转向节与转向拉杆臂进行一体式设计和制造，如湖北三环锻造有限公司生产研制的节臂一体式转向节，其产品结构及加工工艺均获得国家发明专利，产品质量检测尺寸、性能均已在第三方检验中心检验，均超过国家标准。产品制造使用的标准如下：

（1）锻件制造标准：GB/T 12362—2016《钢质模锻件 公差及机械加工余量》及 EN 10243《钢制模锻件 - 尺寸公差》。

（2）机加工标准：GB/T 1804—2000《一般公差 未注公差的线性和角度尺寸的公差》。

（3）产品使用性能标准：DB34/T 3115-2018《钢质模锻汽车转向节技术条件与检测方法》。

（4）材料使用标准：GB/T 3077—2015《合金结构钢》及 EN 10083-3—2006《淬火钢和回火钢 第 3 部分：合金钢的交货技术条件》。

节臂一体式转向节，主要有鼓式节臂一体式转向节（图 3-2）和盘式节臂一体式转向节（图 3-3）。图 3-4 所示为鼓式转向节与转向节臂装配示意图，图 3–5 所示为盘式转向节与转向节臂装配示意图。

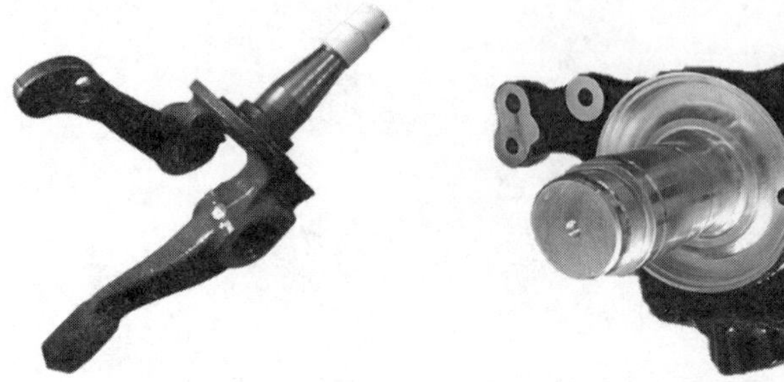

图 3–2　鼓式节臂一体式转向节　　　图 3–3　盘式节臂一体式转向节

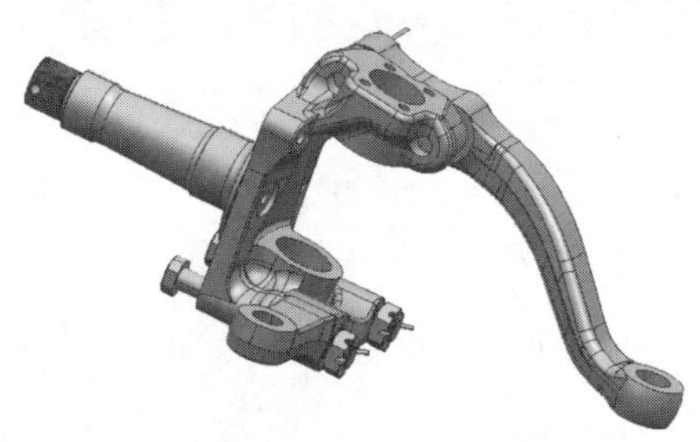

图 3–4　鼓式转向节与转向节臂装配示意图

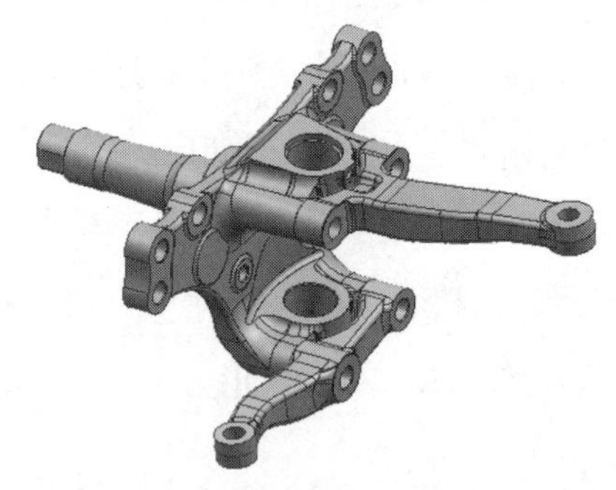

图 3–5　盘式转向节与转向节臂装配示意图

如果转向节和转向节臂作为两个部件分别制造，则加工工序多、材料消耗大、生产效率低、连接强度差。节臂一体式转向节，实现产品减重 10% ～ 15%，减少加工、装配工序，生产效率得到了显著提升。

节臂一体式转向节性能指标和三环锻造产品指标对比如表 3–1 所示。

表 3–1　节臂一体式转向节性能指标和三环锻造产品指标对比

指标 考核项	节臂一体式转向节性能指标	三环锻造产品指标
技术 目标	屈服强度（σs）≥ 850MPa； 抗拉强度（σb）≥ 1030~1180MPa； 冲击功 >45J； 热处理硬度为 304 ～ 350HBW； 延伸率（δ）>11%； 断面收缩率（φ）>42%； 晶粒度为 5 级以上； 转向节台架试验垂向 120 万转以上，侧向 120 万转以上，纵向 25 万转以上	屈服强度（σs）为 999MPa； 抗拉强度（σb）为 1092MPa； 冲击功为 160J； 热处理硬度为 322HBW； 延伸率（δ）为 14%； 断面收缩率（φ）为 54%； 晶粒度为 6 级； 转向节台架试验垂向 120 万转，侧向 120 万转，纵向 25 万转，转向节未断裂，未出现裂纹

3.3　节臂一体式转向节的加工工艺

3.3.1　节臂一体式转向节特有的加工工艺

1. 铣端面、打中心孔

铣端面、打中心孔定位图如图 3–6 所示。

（1）定位：采用轴颈、长短耳侧面定位。

（2）检测：高度尺 + 偏摆仪划线检测中心孔位置，使用σ10钢球 + 高度尺检测中心孔深度检测工作图如图 3–7 所示。

（3）加工设备：（铣端面钻中心孔数控机床 ZK8210），如图 3–8 所示。

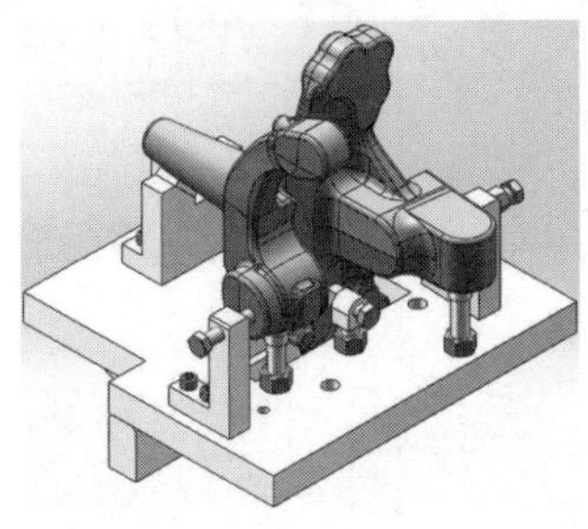

图 3–6　铣端面、打中心孔定位图

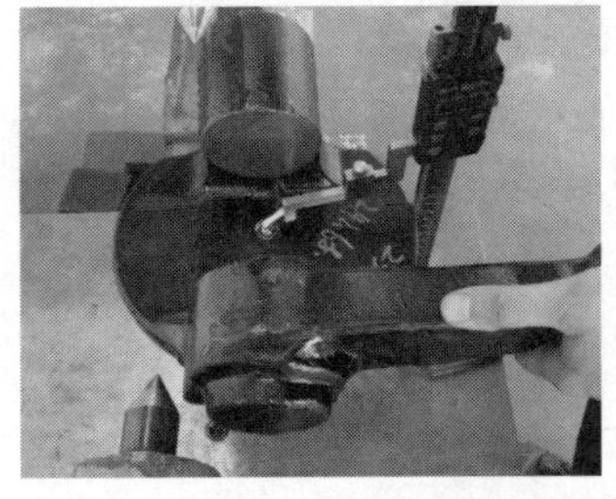

图 3–7　检测工作图

图 3-8　铣端面钻中心孔数控机床（ZK8210）

2. 车轴颈、螺纹

车轴颈、螺纹定位图如图 3-9 所示。

（1）定位：以两端中心孔为基准，使用顶针、拨盘定位。

（2）检测：千分尺检测轴颈、高度尺检测长度，偏摆仪、百分表检测轴颈跳动，轮廓仪检测倒角、圆弧尺寸。车轴颈、螺纹检测图如图 3-10 所示。

（3）加工设备：CK7163A（卧式数控车床）为双坐标两轴联动的半闭式数控车床。采用 FANUC（发那科）交流伺服电机，定位精度高、可靠性强，如图 3-11 所示。

图 3-9　车轴颈、螺纹定位图

图 3-10　车轴颈、螺纹检测图

图 3- 11　CK7163A（卧式数控车床）设备图

3. 粗铣叉耳内侧、短耳外侧

粗铣叉耳内侧、短耳外侧定位图如图 3–12 所示。

（1）定位：以内、外轴颈定位，内轴颈端面定位。

（2）检测：使用游标卡尺检测宽度，加工检测图如图 3–13 所示。

（3）加工设备：组合铣床（YX–H193）如图 3–14 所示。此机床为三环锻造定制设备，双主轴结构，可一次完成内侧及外侧面的加工。

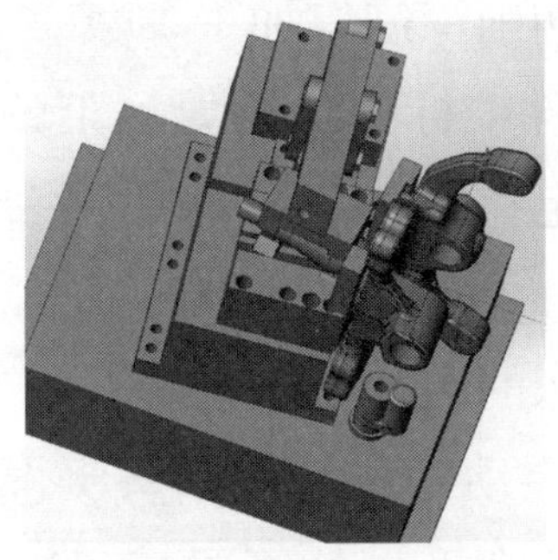

图 3–12　粗铣叉耳内侧、短耳外侧定位图

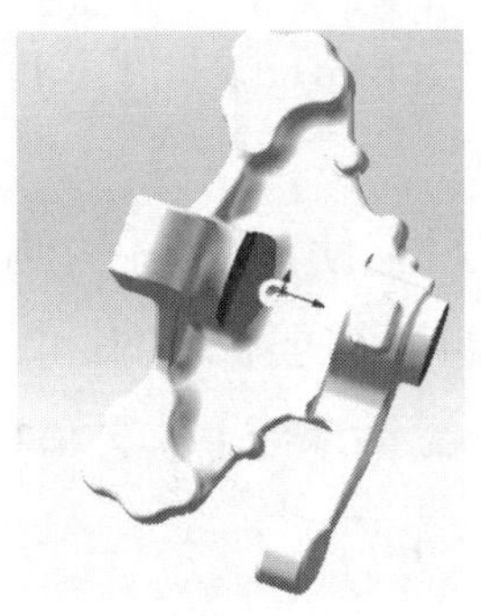

图 3–13　粗铣叉耳内侧、短耳外侧加工检测图

图 3–14　组合铣床（YX–H193）设备图

4. 钻主销孔初孔

（1）加工流程。

钻主销孔初孔加工图如图 3–15 所示。

1）准备工件：准备需要加工的工件并进行固定，以确保在加工过程中工件位置的稳定性。

2）确定加工参数：根据工件材料和要求的孔径尺寸，确定合适的切削速度、进给速度和切削深度等加工参数。

3）钻孔定位：在工件上标记出需要加工的主销孔的位置，并使用工件定位装置将工件固定在钻床上，并确定好加工的位置和角度。

4）选择合适的钻头：根据需要加工的孔径尺寸，选择合适规格的钻头，并将其安装到钻床的主轴上。

5）进行初孔加工：启动钻床，使钻头缓慢进给到工件表面，并进行旋转加工，逐渐将初孔钻出，但不要完全达到最终的孔径尺寸，而是留有一定的余量。

6）清洁工件：初孔加工后，清洁工件表面，去除金属切屑和切削液，以便后续的加工操作和检查。

7）检查孔的位置和尺寸：使用合适的测量工具，检查初孔的位置和尺寸，确保符合要求。如果需要修正，可以进行调整。

（2）加工设备：双头卧式钻床（LT–Z203）如图 3–16 所示。

图 3-15　钻主销孔初孔加工图　图 3-16　双头卧式钻床（LT-Z203）设备图

5. 立加复合加工

立加复合加工加工图如图 3-17 所示。

加工设备：斗山 -DNM515/50 立式加工中心如图 3-18 所示。

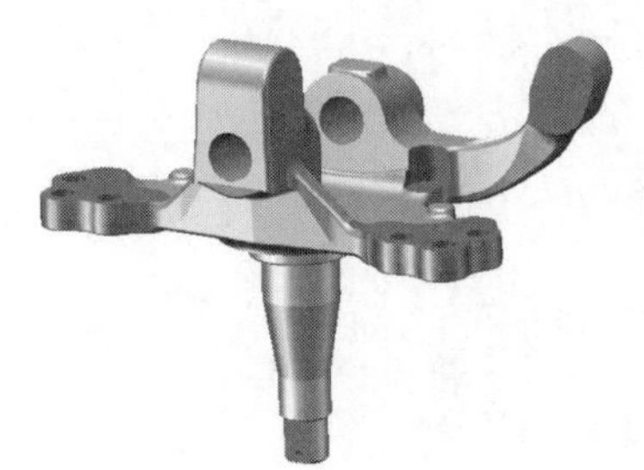

图 3-17　立加复合加工加工图　图 3-18　斗山 -DNM515/50 立式加工中心设备图

6. 钻、镗主销孔，铣叉耳外侧面，铣拉杆臂平面，铣钻4－φ9孔

本工步加工图如图 3-19 所示。

加工设备：卧式加工中心如图 3-20 所示。

图 3-19　加工图 1

图 3-20　卧式加工中心

7. 锪、钻、攻黄油嘴孔，铣锥孔侧面、钻锥孔底孔

本工步加工图如图 3-21 所示。

加工设备：卧式加工中心。

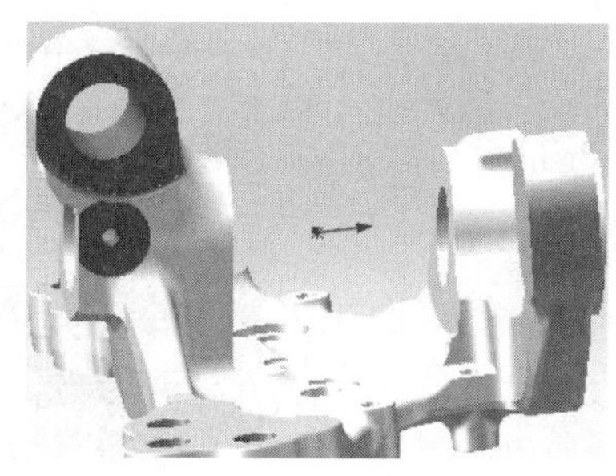

图 3-21　加工图 2

8. 镗锥孔

（1）定位：以轴颈、大面、大面孔定位，如图 3-22 所示。

（2）检测：三坐标检测锥孔中心距塞规检测锥孔相关尺寸，加工检测图如图 3-23 所示。

（3）加工设备：数控锥孔镗床 NU1780（图 3-24）。

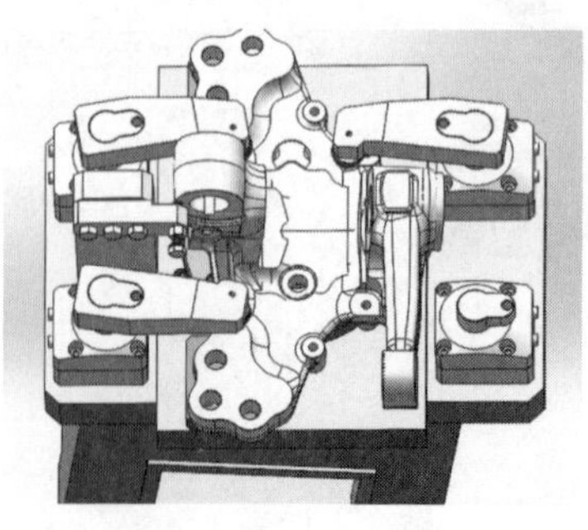

图 3-22　定位图

图 3-23　加工检测图

图 3-24　数控锥孔镗床 NU1780 设备图

9. 压套

压套模型图如图 3-25 所示。

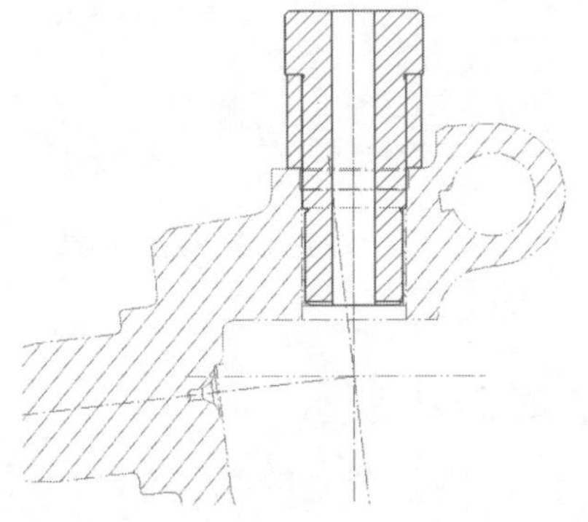

图 3-25　压套模型图

（1）检测：深度尺检测压套深度。

（2）加工设备：单柱压机（Y30-10），如图 3-26 所示。

图 3-26　单柱压机（Y30-10）

10. 镗衬套内孔

镗衬套内孔加工图如图 3–27 所示。

（1）检测：内径千分尺检测孔径、同轴度量棒检测直线度。

（2）加工设备：卧式加工中心。

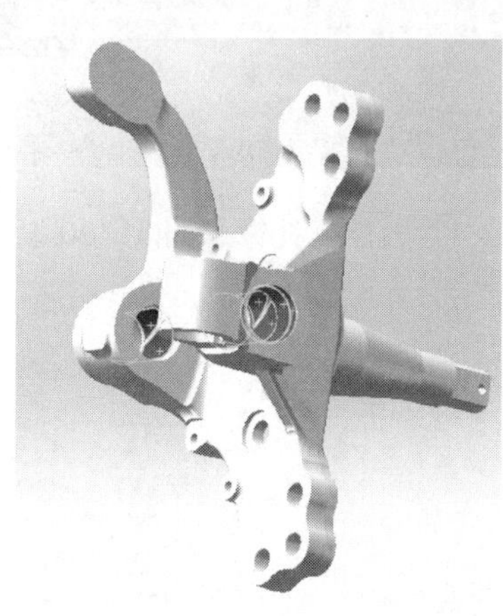

图 3–27　镗衬套内孔加工图

11. 精铣内侧

精铣内侧加工图如图 3–28 所示。

（1）定位：以主销孔，内、外轴颈定位，如图 3–29 所示。

（2）检测：卡板检测内侧宽度，三坐标检测偏距。

（3）加工设备：组合铣床（NU1782）如图 3–30 所示。

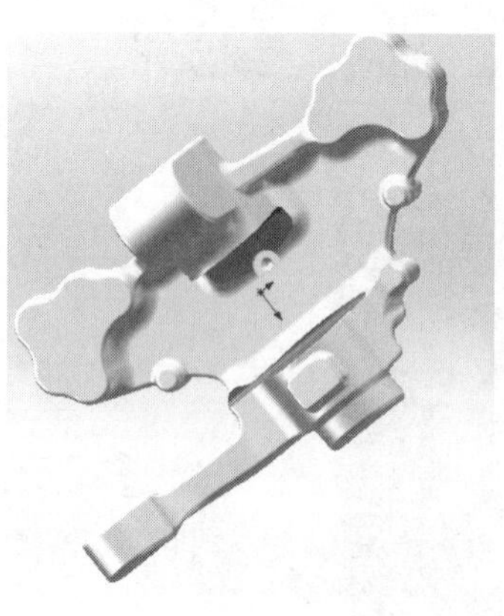

图 3–28　精铣内侧加工图

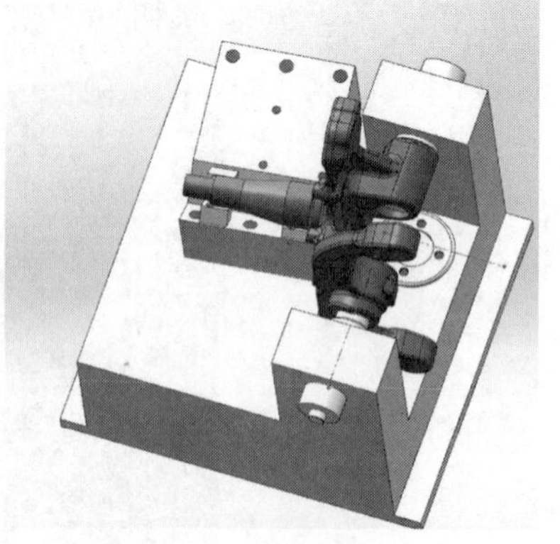

图 3–29　精铣内侧定位图

图 3–30　组合铣床（NU1782）设备图

12. 拉键槽

拉键槽加工图如图 3–31 所示。

（1）定位：以锥孔、轴颈定位，如图 3–32 所示。

（2）检测：三坐标检测键槽角度及对称度，游标卡尺检测宽度及深度。

（3）加工设备：卧式拉床（L6120）如图 3–33 所示。

图 3–31　拉键槽加工图

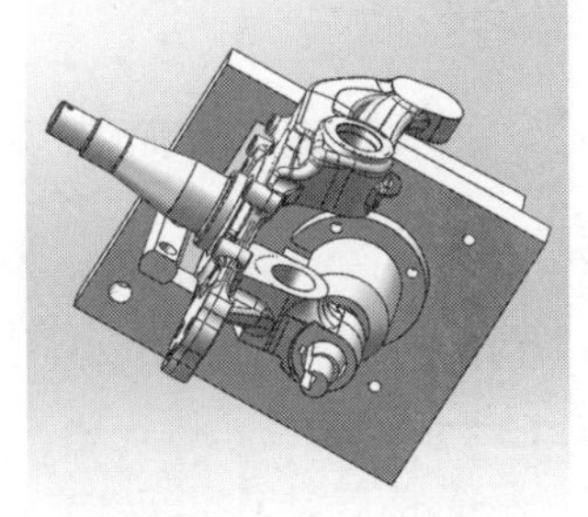

图 3–32　拉键槽定位图

图 3–33　卧式拉床（L6120）设备图

13. 精车、滚压轴颈

精车、滚压轴颈加工图如图 3–34 所示。

（1）定位：以两端中心孔为基准，使用顶针、拨盘定位，如图 3–35 所示。

（2）检测：分尺检测轴颈、高度尺检测长度，偏摆仪、百分表检测轴颈跳动，轮廓仪检测倒角、圆弧尺寸。

（3）加工设备：CK7163A（卧式数控车床）为双坐标两轴联动的半闭式数控车床。采用 FANUC 交流伺服电机，定位精度高、可靠性强。

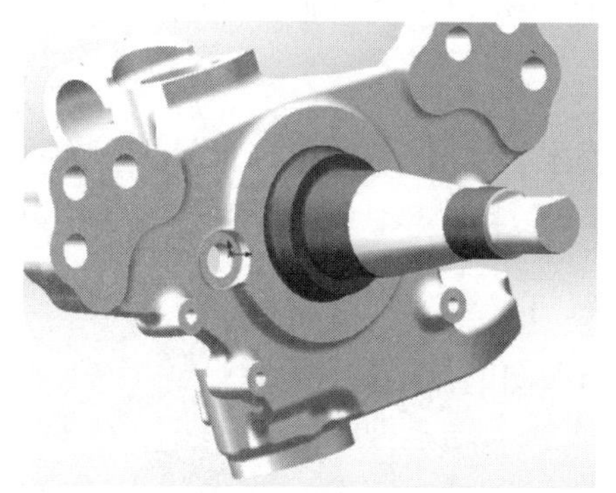

图 3–34　精车、滚压轴颈加工图

图 3–35　精车、滚压轴颈定位图

14. 磁粉探伤

磁粉探伤转向节零件图如图 3–36 所示。磁粉探伤机（30000AT）设备图如图 3–37 所示。

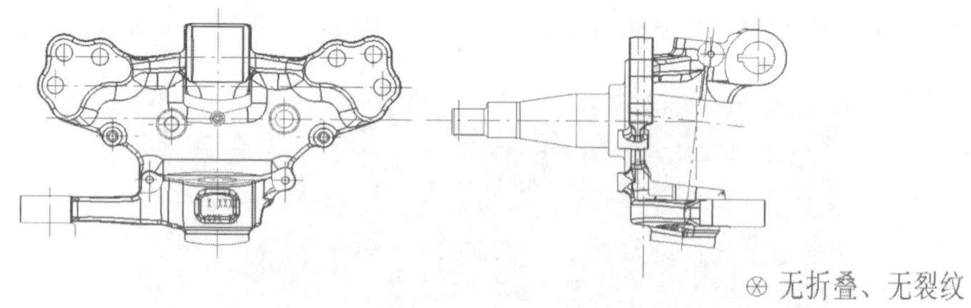

图 3–36　磁粉探伤转向节零件图

图 3-37　磁粉探伤机（30000AT）设备图

3.3.2　节臂一体式转向节加工工艺技术要求

1. 节臂一体式转向节锻造工艺要求

节臂一体式转向节锻造工艺要求如下：

（1）锻件不得过烧，表面不允许有裂纹、折叠、碰伤等缺陷。

（2）热处理硬度 205 ～ 280HBW。

（3）抗拉强度为 880 ～ 980MPa。

（4）材料牌号 40Cr 执行标准为 GB/T 3077—2015《合金结构钢》。

2. 节臂一体式转向节机械加工工艺技术要求

节臂一体式转向节的机械加工工艺技术要求[90]如下：

（1）转向节轴部及法兰盘面技术要求：转向节轴部和法兰盘面的尺寸要求极高，要求轴径精度为 IT6，粗糙度为 0.8，且必须严格按照设计要求生产，一旦产生误差，对轴承的使用年限会产生十分严重的影响，同时还会影响与轮毂之间的配合。

（2）主销孔技术要求：主销孔的要求主要是基于与主销衬套之间的配合，因此对此部分要求的精度为 IT7，只有保证主销孔之间的距离，才能保证后续相关零件能够对空入位，同时还能保证主销衬套的使用寿命。

（3）各连接平面及孔的精度：连接平面要保证光滑，不能过于粗糙，如果过于粗糙，则会使后续各种零件的连接产生较大的摩擦，不能起到正常的工作效用，同时对于汽车行驶过程中的平稳性也会造成较大的影响。

第 4 章　铝合金转向节加工工艺

4.1　铝合金在汽车上的应用及锻造成形特点

4.1.1　铝合金锻造技术应用的发展

铝合金锻造成形有着广阔的应用前景。目前,汽车生产大国如美国、日本、德国等发达国家是铝合金锻造技术研发与应用的领先者。欧洲和美国，已在载重车上应用了铝合金锻件，如摇臂、支架等。他们正在研发高强铝合金 7075 代替传统的合金结构钢，来锻造重型卡车的主轴等大型锻件。

在国外,铝合金锻件应用的发展呈现如下几个特征:①由价格昂贵、对性能要求高的跑车向普通性能车扩展;②由载客用车向载货用车扩展;③由一般件向承载件扩展。

我国铝合金的整体锻造水平较发达国家落后 10 ～ 20 年，仍处于单工位的简单镦粗和挤压方式生产形状相对简单的锻件的阶段。在生产复杂的铝合金锻件时，由于没有合适的体积分配方式相配合，造成飞边量大,使昂贵的铝合金材料浪费严重,大大增加了铝合金的生产成本。目前，国内汽车行业是铝合金锻件应用最有前途的行业，也是铝合金锻件最大的用户。铝合金锻件用于汽车底盘、车身结构件、发动机零部件等，可以提高汽车的轻量化和节能性能。

4.1.2 铝合金锻件的特性

铝合金锻件的特性如下：

（1）密度小，只有钢锻件的34%，铜锻件的30%，是汽车轻量化的理想材料。

（2）比强度大、比刚度大、比弹性模量大、疲劳强度高，宜用于轻量化要求高的关键受力部件，其综合性能远远高于其他材料。

（3）内部组织细密、均匀、无缺陷，其可靠性远远高于铝合金铸件和压铸件，也高于其他材料铸件。

（4）铝合金的塑性好，可加工成各种形状复杂的高精度锻件，机械加工余量小，仅为铝合金拉伸厚板加工余量的20%左右，较大地节省了工时和成本。

（5）铝锻件具有良好的耐蚀性、导热性和非磁性，这是钢锻件无法相比的。

（6）表面光洁、美观，表面处理性能良好，美观耐用。

可见，铝合金锻件具有很多优良特性，这为铝合金锻件代替钢、铜、镁、木材和塑料等材料提供了良好的条件。

4.1.3 铝合金锻件的主要缺陷

铝合金锻件分自由锻件和模锻件，都可用作特别重要零件的毛坯，质量要求高，生产难度大，必须严格按工艺程序生产，才能获得良好的产品。铝合金锻件的缺陷有可能是原材料遗传下来的，也有可能是在锻造或热处理过程中产生的。对于同样一种缺陷，可能来自不同的工序。因此，在分析具体锻件缺陷时，一定要全面分析，逐项排除疑点，找出产生锻件缺陷的直接原因，采取针对性的措施，避免锻件缺陷的再次出现。

1. 原材料产生的缺陷

通常，原材料在出厂和入厂时都经过了严格的质量检验和复验，但是由于缺陷的分散性、隐蔽性，仍然可能有一部分缺陷遗传下去，如表 4–1 所示。

表 4–1　原材料遗传下来的铝合金锻件缺陷及产生原因

缺陷	主要特征	产生原因
非金属杂质	锻件低倍上凹下的、轮廓不清的、分布无规律的黑褐色点状或非定形缺陷。断口上有时可见夹杂物	原辅材料不干净；熔炼炉、流槽等不干净；熔体精炼温度低或精炼不彻底，使渣熔分离不干净。锻件中的非金属杂质正是应力集中之处或疲劳裂纹源，它直接影响制品的寿命和强度，同时还破坏结构气密性。一般通过超声波探伤都可以发现
氧化膜	锻件低倍试片上呈短线状裂缝，多集中于最大变形部位，并沿金属流线方向分布。断口呈白色、灰色、黄褐色，小平台对称或对偶地分布在断裂面上	铝合金在熔铸过程中，铝及其他金属与氧作用生成细小的氧化物并混入铝锭中生成氧化膜。它对纵向性能无明显影响，但对高度方向性能影响较大（强度降低特别是使伸长率、冲击韧性和抗蚀性能降低），是零件破坏的裂纹源
金属间化合物夹杂	金属间化合物夹杂的聚积物具有很高的硬度，在锻件的宏观试片上可见局部成堆或拉长成链状，呈暗色。断口上有时仍保持其最初的针状结构	铝合金在熔铸过程中，铝与铁、镍、铬、钦、锰等金属形成化合物次晶聚集物。一般铸锭低倍检查发现有粗大的金属间化合物夹杂时，便将该熔次铸锭报废。所以，在锻件中一般较少发现，它的存在会影响零件的强度和韧性
锻件上的表面裂纹	锻件表面呈破坏金属连续性的不规则开裂	铸锭车皮不够,表面仍保留大量的缺陷(如偏析、冷脑、裂纹等)，锻造过程中形成表面微细裂纹；铸锭中钠含量过高或出现粗大的扇形树枝状晶体时，铸造过程中就会出现较大、较深的表面裂纹，该表面裂纹破坏了金属材料的连续性

2. 锻造过程中产生的缺陷

铝合金锻件在锻造过程中产生的主要缺陷及其产生原因如表 4–2 所示。

表 4–2　铝合金锻件在锻造过程中产生的主要缺陷及其产生原因

缺陷	主要特征	产生原因
形状和尺寸不符合图纸要求	主要表现为自由锻件缺陷，模锻件成形性不好，欠压、错移、尺寸不符等	工艺余料太小或锻工技术差；模锻时锻料放置不正、设备压力不够，上下模锁扣导柱等导向或固定装置磨损严重。该缺陷的直接后果是加工不出零件

续表

缺陷	主要特征	产生原因
折叠	锻件的表面向其深处扩展，造成锻件金属局部的不连续	拔长时送进量小于压下量，锻造过程中产生的尖角突起和较深凹坑没有及时修伤，毛料模、预锻模、终锻模之间各结构要素配合不好。折叠破坏了金属的连续性，是零件的裂纹源和疲劳源
内部裂纹	锻件内部出现的横向或纵向裂纹，一般位于锻件的心部，低倍检查或超声波探伤可发现此类缺陷	拔长时，当相对送进量太小（I/H< 0.5）时，还料中心变形小，锻造不透并受轴向拉应力影响易产生横向内部裂纹。当相对送进量太大（I/H >1）时，坯料横断面对角线两侧的金属产生剧烈的相对运动，容易产生横向对角线裂纹。圆断面坯料在平砧上拔长，若压下量较小、接触面较窄、较长，金属主要横向流动，轴心受到较大拉应力，锻件心部易产生纵向裂纹，尤其在温度过低时更容易出现裂纹。锻造操作不当造成的这种内部裂纹破坏了金属的连续性，致使材料报废
毛边裂纹	在模锻时，沿模锻件毛边出现的裂纹，切边后就暴露出来	当坯料在高于锻造温度、低于合金固相线温度模锻时，模具表面与锻件表面存在较大摩擦，处于相对静止状态，发生流动的是距离模具表面一定深度的金属。在模锻时，大量的多余金属流向毛边，流动的金属和相对静止的金属间产生大量的热量，使得材料处于过热状态。同时，该处位于剪应力区，加剧了毛边处的裂纹形成。另外，模具设计不当，在毛边相邻处的垂直肋根圆角太小，模锻时肋根处相对静止的金属与向毛边挤压去的金属间存在较大的剪应力，促使形成直线状的裂纹，多位于毛边的边缘处。若裂纹深入零件区将判锻件报废
金属或非金属压入	在锻件表面压入与锻件金属有明显界限的外来金属或非金属	主要是因坯料表面不干净，工模具没有清洁，存有金属或非金属脏物，润滑剂不干净等因素造成的。若缺陷深度超过零件加工余量，该锻件报废
起皮	锻件表面呈小的薄片状起层或脱落	铸锭表面不干净，挤压坯料表面有气泡等缺陷。工模具表面太粗糙，锻造时又润滑不好，激烈变形时锻件表面粘在工模具上。起皮影响锻件外观质量
表面粗糙	锻件表面凹凸不平	模膛表面不光滑、润滑剂配制不当或涂抹过多，模锻后残存在锻件表面，经蚀洗后锻件表面粗糙。模锻件非加工面上不允许存在该缺陷

续表

缺陷	主要特征	产生原因
粗大晶粒	在锻件低倍上出现满面粗晶组织；在锻件的横向低倍上出现十字交叉的粗晶组织；在模锻件腹板中心处出现粗晶；在模锻件整个外表面出现粗晶	产生粗晶的主要原因有：工模具和坯料温度低，且变形程度小，并落入临界变形程度范围内；变形很不均匀，流动剧烈的部位极易出现粗晶；采用了有粗晶环的挤压坯料，粗晶遗传到模锻件的表面上。粗大晶粒对锻件的疲劳性能、耐腐蚀性能、冲击韧性均有影响。所以对于飞机机轮及螺旋桨叶片，应限制使用有粗晶组织的模锻件；对于一般的结构件通常检查其粗晶区的力学性能，如符合技术要求则合格，不符合技术要求则判废
涡流	模锻件低倍流线呈回流状、旋涡状、树木年轮状	具有人形、U 形和 H 形截面的模锻件成形时，所用料过大，缘条（凸台和缘条）充满后，腹板仍有多余金属继续流向毛边，使缘条处的金属产生相对回流，形成涡流。严重的涡流将使零件的疲劳强度大幅度降低，这是不允许的
穿流	模锻件低倍流线穿透缘条（凸台和缘条）的根部	产生原因与涡流缺陷一致。它破坏了流线的连续性，严重影响材料的耐腐蚀性和疲劳性能，致使材料报废

3. 热处理过程中产生的缺陷

铝合金锻件在热处理过程中产生的主要缺陷及其原因如表 4–3 所示。

表 4–3　铝合金锻件在热处理过程中产生的主要缺陷及其原因

缺陷	主要特征	产生原因
翘曲	锻件经淬火以后外形出现不平，改变了锻件原来的形状	铝合金锻件在淬火加热和冷却中要发生相变，同时伴随体积变化，这种变化会使锻件产生内应力。另外由于各处厚薄不均，锻件在淬火冷却过程中也会产生内应力。上述内应力都会使锻件出现翘曲。如果摆放不当，也会引起翘曲。翘曲严重时会使锻件不符合图纸，影响使用。通常在铝合金锻件淬火后应立即安排校正工序，以消除翘曲对模锻件形状的不良影响。
淬火裂纹	一般在厚、大的锻件心部出现隐蔽性内部裂纹	厚、大锻件淬火时，由于温度梯度很大，内应力也大，当内应力值超过锻件材料的强度极限时就会产生内部裂纹。超声波探伤可以发现这种裂纹，发现后应立即报废

续表

缺陷	主要特征	产生原因
力学性能不合格	按技术条件要求进行最终力学性能检测时，出现强度、伸长率或硬度不合格	锻件材料的化学成分、变形程度、变形温度、热处理（温度、保温、时间冷却速度、淬火转移时间、淬火和人工时效的间隔时间）都会影响锻件的力学性能，所以应具体问题具体分析，逐项排查力学性能，不合格的属于废品
过烧组织	过烧初期仅延伸率降低，后期锻件表面发暗，形成气泡或裂纹，高倍试片可看到晶界发毛加粗，严重氧化并呈三角形，形成共晶复熔球	过烧组织是由于加热温度超过了该合金中低熔点共晶的熔化温度，晶界处的低熔点共晶物发生局部氧化和熔化后形成的组织。发现过烧组织，不但被检查件判废，而且同热处理炉次的锻件也都判废

4.1.4 铝合金锻件的质量控制

锻件质量控制就是要严格地按工艺规范进行生产，特别是关键工序要特别重视。锻件生产过程的质量控制应按人、机、料、法、环五大要素进行。

铝合金锻件锻造过程所用设备较多，其中加热炉、淬火炉、时效炉系统的测试和校验应引起重视，这是保证锻件生产在受控状态下顺利进行的先决条件。

铝合金锻件的质量控制应包含锻件生产原材料的控制、锻压生产过程的控制和锻件热处理的控制。铝合金锻件生产前应对原材料进行复验，确保材料的成分、内部组织合乎要求，根据锻件类别不同确认毛坯的印记无误。铝合金锻压生产过程的控制，应严格控制开锻温度、终锻温度以及工步变形尺寸。由于铝合金变形温度范围窄、导热性好，一定要确保工模具均匀热透，且应在专用的工模具加热炉内加热工模具。铝合金锻件热处理的控制，应特别关注锻件加热温度的均匀性、淬火转移时间的控制和淬火与人工时效之间间隔时间的控制，并应严格按照锻件试制大纲和工艺规程执行，对热处理后的锻件应打上热处理炉号。为了有效控制锻件的质量，应在各个工序对锻件的化学成分、力学性能、内部组织、内外表面质量和尺寸精度等进行严格而科学的检测，应按工艺规程采取必要的技术措施或科学管理手段对锻件质量加以控制。铝合金锻件的缺陷是多种多样的，应根据其产生的工序及特征（表面、尺寸、内部组织与性能等），寻找出缺陷产生的原因，分析其后果，然后严格按人、机、料、法、环五大要素对铝合金锻造生产的整个工艺过程进行全面质量控制，对症下药，消除缺陷产生的根源，争取使产品“零”缺陷出厂。

4.2 铝合金转向节加工工艺与分析

4.2.1 铝合金转向节的特点与性能

铝合金是制造转向节的常用材料之一，其特点包括轻量化（铝合金转向节相较于传统的钢铁转向节具有更轻的重量，有助于降低整车重量，提高燃油效率）；高强度（铝合金具备出色的强度，使得转向节在承受转向力和车辆负载时表现出良好的性能，同时保持较小的体积和重量）；抗腐蚀性强（铝合金材料通常具有较好的抗腐蚀性能，能够抵御恶劣的道路条件和气候环境带来的腐蚀影响）；良好的导热性（铝合金具备良好的导热性，有助于在高温和高压下散热，防止转向节过热而失效）等。这些特性使得铝合金转向节在提高车辆性能和降低燃油消耗方面发挥着重要作用。湖北三环锻造有限公司生产的铝合金转向节相关产品如图4-1所示。

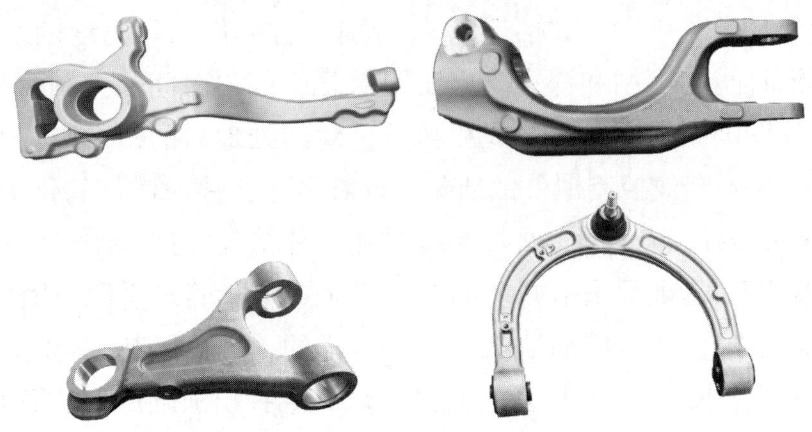

图 4–1　铝合金转向节产品图

4.2.2　铝合金转向节锻造有限元仿真分析

为探究加热温度对铝合金转向节锻造的影响并且寻找合适的锻造温度，使用有限元软件 Deform–3D 模拟成形过程，设置不同的锻造温度，观察锻后质量及效果，为实际生产提供指导。Deform 是一套有限元仿真系统，在分析金属成形、相关热处理工艺和成形工艺等方面十分方便。在计算机上模拟铝合金转向节锻造的整个加工工艺过程，不仅能够减少昂贵的材料成本，解决试验场地的现实问题，也为工程技术人员铝合金转向节技术改进的过程提供了理论参考依据。

1. 模拟条件设置

铝合金转向节锻造选用直径为 ϕ 90mm、高度为 680mm 的 6082 铝合金棒料，分别经过镦粗、压弯、预锻和终锻 4 个过程成形，如图 4–2 所示。为探究最佳的锻造温度，在实际生产的基础上，选取 3 个锻造温度来模拟锻造全过程，分别选取 450℃、500℃ 和 535℃（固溶时温度）[91]。模拟锻造工序，并比较应力、应变、金属流动、温度等因素随锻造温度的变化情况。为了观察产品的组织流线状况，切取成品的特定区域，打磨抛光后，阳极覆膜，覆膜液为 7ml 氟硼酸 +193ml 水。覆膜时间为 4min。在金相显微镜偏振光下观察其形貌。

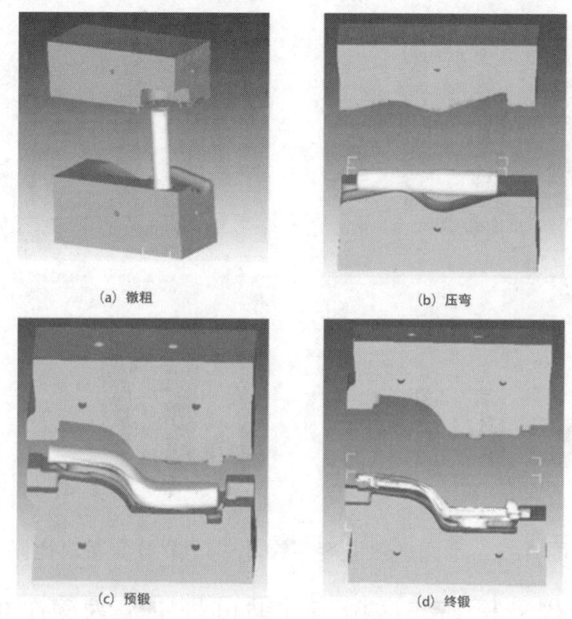

图 4-2　铝合金棒料成形过程

2. 模拟结果分析

（1）镦粗过程分析。在镦粗阶段，如图 4-3（a）所示，450℃、500℃与 535℃加热后，坯料在镦粗过程中温度的变化较小，除去表面与模具接触部位会有小部分降温之外，镦粗后整体温度下降小，在变形较大的区域温度有些许上升，但整体变化与镦粗前相比较小。应变变化情况如图 4-3（b）所示，镦粗过程中 3 个不同加热温度下的各个位置应变均较小，且 3 个不同加热温度对镦粗中应变的变化几乎无影响。

不同加热温度下的应力变化如图 4-3（c）所示。可以看出，温度最低的 450℃，应力最大，最大应力出现在变形最大的部位和与上模接触的部位，最大应力为 60MPa。比较 3 种不同加热温度的坯料的应力变化情况可知：随着温度的上升，等效应力逐渐变小，且与 450℃下的应力相比，高温（535℃）使得镦粗时的应力下降约 40%。

图 4-3（d）为不同加热温度下的金属流动情况。可以看出，金属流动速度与变形程度有关，变形越大的部位金属流动速度也越大。

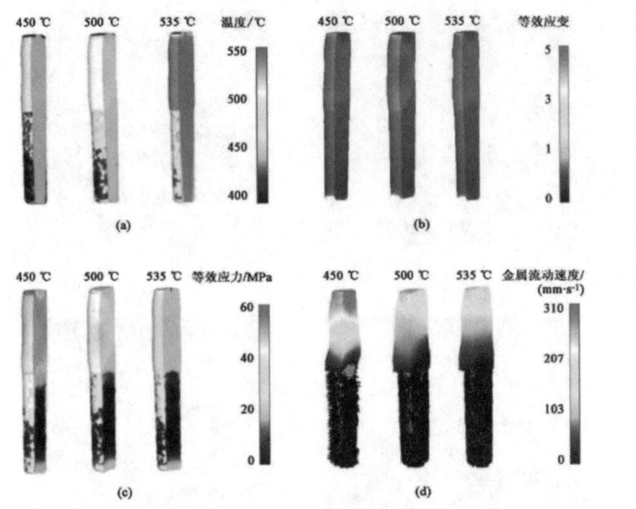

图 4–3　不同加热温度下镦粗过程中各变量对比图

（2）压弯过程分析。在镦粗与预锻过程中，为使镦粗后的坯料能够满足预锻模对坯料的放置条件要求，还需加一道压弯过程。在压弯工序中，温度变化如图 4–4 所示，3 种不同加热条件下，整体温度与压弯前即镦粗后相比变化较小，与模具接触的表面会有些许降温，但由于时间很短，总体下降很少。压弯工序等效应变图如图 4–5 所示，三者应变均较小且差距小，可以看出加热温度对压弯过程的应变大小几乎无影响。图 4–6 展示了等效应力变化情况，最大应力出现在 450℃条件下变形量最大的位置，最大等效应力值约为 80MPa。随着加热温度上升，等效应力值逐渐下降。图 4–7 反映了金属流动状况，金属流动速度最大的位置出现在变形最大的左端，最大可达到 1500mm · s^{-1}。

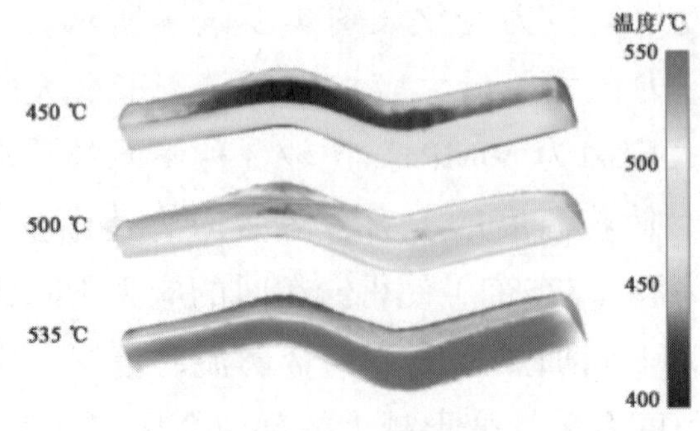

图 4–4　压弯工序温度图

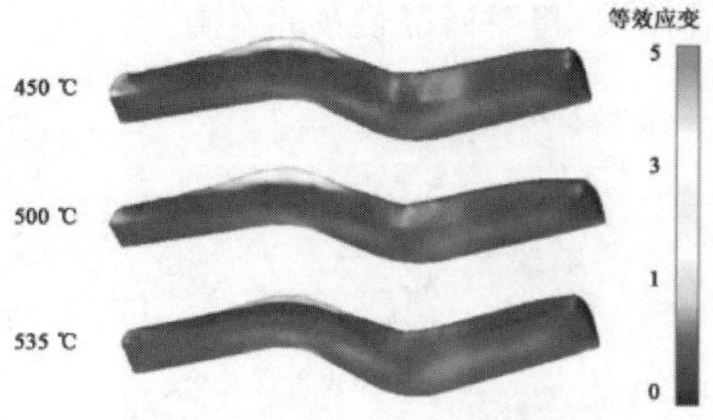

图 4-5　压弯工序等效应变图

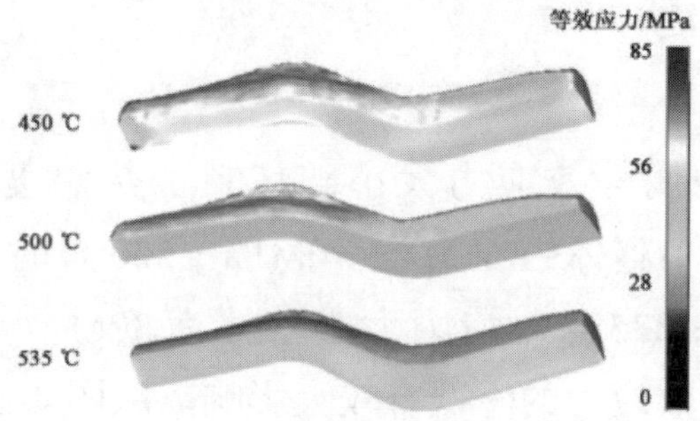

图 4-6　压弯工序等效应力图

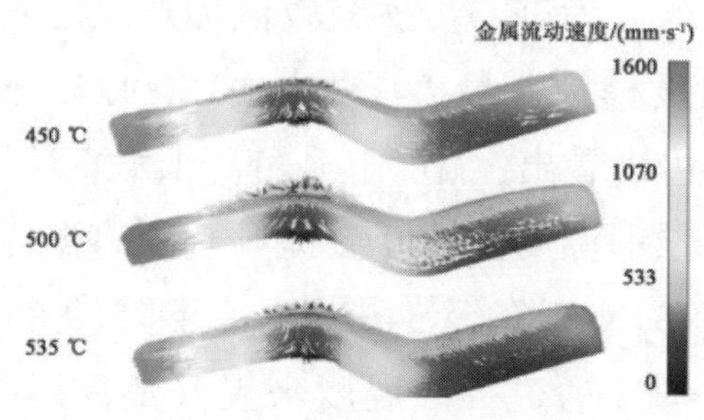

图 4-7　压弯工序金属流动图

（3）预锻过程分析。预锻中金属变形量大，模具形状最复杂，是铝合金转向节产品生产最关键的一步，预锻成形效果关乎产品质量。如图 4-8 所示，由于预锻过程变形量较大，变形摩擦产生热量较多，所以在 3 种条件下，坯料温度均有所上升，上升最大部位位于中部形状复杂处与飞边处，由于飞边不影响产品质量，可不予考虑。当使用 535℃ 加热坯料时，预锻过程中局部温度甚至高于 570℃，过高的温度下铝合金有过烧风险，将影响产品整体性能，因此，实际生产中如果使用 535℃ 加热坯料时，将对产品性能产生影响。

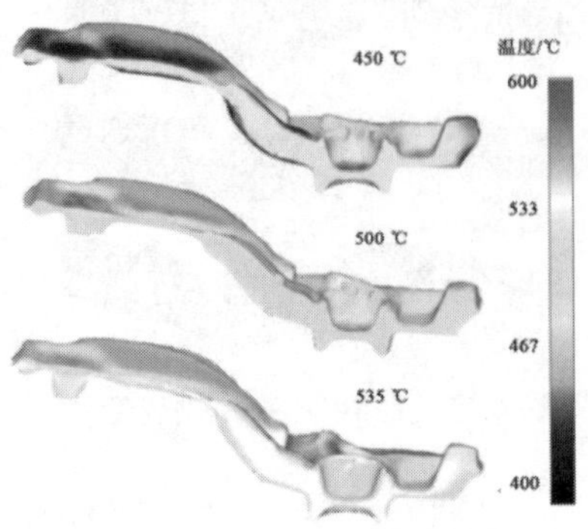

图 4–8　预锻工序温度对比图

预锻过程中金属等效应力大小随坯料加热温度的上升而下降。450℃ 时，应力大小整体为 60M ～ 70MPa；500℃ 时，应力大小整体为 40M ～ 50MPa；535℃ 时应力大小整体为 30M ～ 40MPa。坯料加热温度的高低对等效应力的降低有较大影响。从图 4–9 中可以看出，3 个加热温度的载荷大小均小于 40000kN，即小于生产时使用的 4000t 电动螺旋压力机的载荷。为进一步探究较低加热温度对锻造性能的影响，选取 400℃ 加热温度模拟，最大压力为 41500kN，此时已超过压力机载荷。从模拟结果可以看出：温度上升可降低载荷力，从而降低设备的吨位要求。但坯料预锻温度由 500℃ 提升至固溶温度 535℃ 的过程中，载荷力峰值由 37890kN 下降至 34620kN，下降约 8.63%。因此，当加热温度大于 500℃ 时，通过提高温度来提升塑性以降低锻造所需载荷力，效果并不显著。

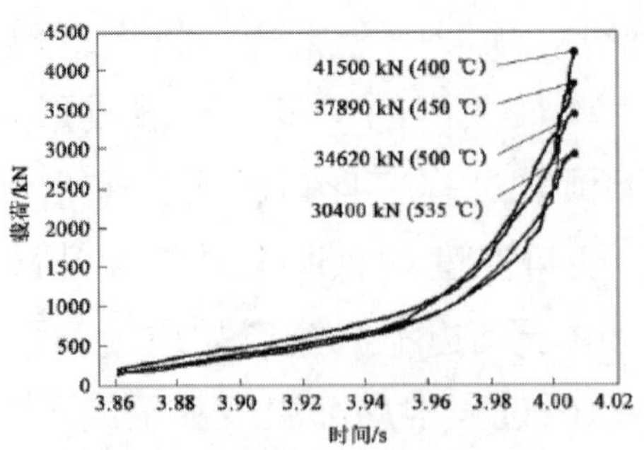

图 4–9　预锻工序载荷 – 时间对比图

模拟中采用了 3 种不同的坯料加热温度（450℃、500℃ 和 535℃）为变量，探究坯料加热温度从常见的 450℃ 至固熔点之间变化时对锻造过程的影响。结果表明：加热温度提高可显著降低 6082 铝合金转向节锻造各过程的等效应力，且由于塑性提高，小范围提升了金属流动，降低了锻造所需载荷力。当加热温度较低为 400℃ 时，模拟结果显示锻造压力超过所使用 4000t 电动螺旋压力机载荷。在选取分析的 3 个加热温度中，当加热温度大于 500℃ 时，流动提升与载荷力的下降并不显著。在分析的 3 个加热温度范围内，对等效应变的影响很小。由于摩擦做工生热，部分变形较大，变形复杂的区域会有较大的温度升高。当使用 535℃ 时，结果显示，铝合金部分坯料温度甚至超过 580℃，易引起过烧。因此，当铝合金坯料加热温度过高时，容易破坏组织性能，影响产品质量。观察 450℃ 下保温的坯料锻造后的产品的组织及金属流线，纤维状组织规则且与模拟中的金属流线状况一致。

4.2.3　铝合金转向节机械加工工艺流程

1. 立加复合加工

立加复合加工加工部件图如图 4–10 所示。

（1）定位：采用毛坯自带定位凹槽定位，定位图如图 4–11 所示。

（2）夹具：液压夹具（操作方便，能有效控制压紧力，防止工件因压紧力不稳定引起变形），如图 4–12 所示。

（3）检测：三坐标测量仪检测空间尺寸；数显深度尺检测落差；螺纹通止规检测螺纹孔；内径量表检测孔径；数显游标卡尺检测厚度。

（4）加工设备：高转速立式加工中心（定位精度高、可靠性强），如图 4–13 所示。

图 4–10　立加复合加工加工部件图

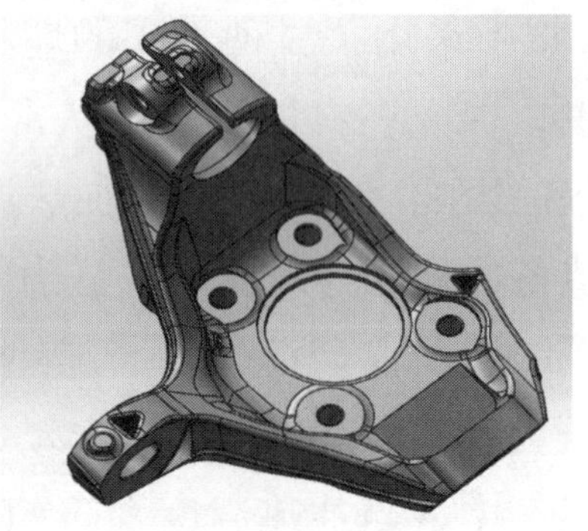

图 4–11　立加复合加工定位图

图 4–12　立加复合加工液压夹具图

图 4–13　高转速立式加工中心

2. 加工锁紧孔、键槽及下耳内侧

加工锁紧孔、键槽及下耳内侧加工部件图如图 4–14 所示。

（1）定位：采用轴承安装孔、盘部孔定位，定位图如图 4–15 所示。

（2）夹具：液压夹具，如图 4–16 所示。

（3）检测：三坐标测量仪检测空间尺寸；数显深度尺检测落差；螺

纹通止规检测螺纹孔；内径量表检测孔径；数显游标卡尺检测厚度。

（4）加工设备：高转速立式加工中心，如图 4-17 所示。

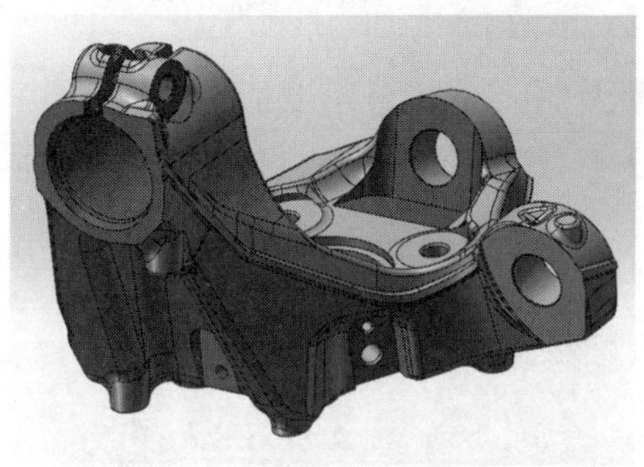

图 4-14　加工锁紧孔、键槽及下耳内侧加工部件图

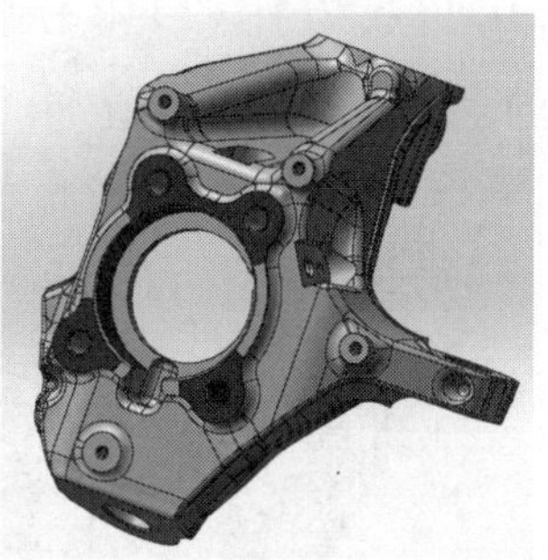

图 4-15　加工锁紧孔、键槽及下耳内侧定位图

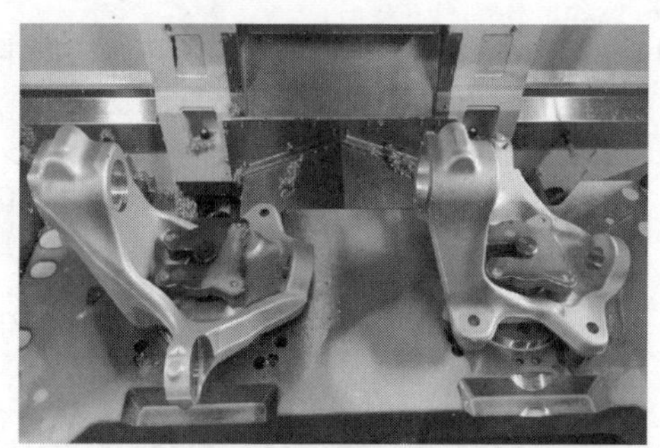

图 4-16　加工锁紧孔、键槽及下耳内侧液压夹具图

图 4-17　高转速立式加工中心

3. 加工制动盘平面及传感器孔

加工制动盘平面及传感器孔加工部件图如图 4-18 所示。

（1）定位：采用轴承安装孔、盘部孔定位，定位图如图 4-19 所示。

（2）夹具：液压夹具，如图 4–20 所示。

（3）检测：三坐标测量仪检测空间尺寸；数显深度尺检测落差；数显游标卡尺、专用检具检测宽度；数显游标卡尺检测厚度。

（4）加工设备：高转速立式加工中心，如图 4–21 所示。

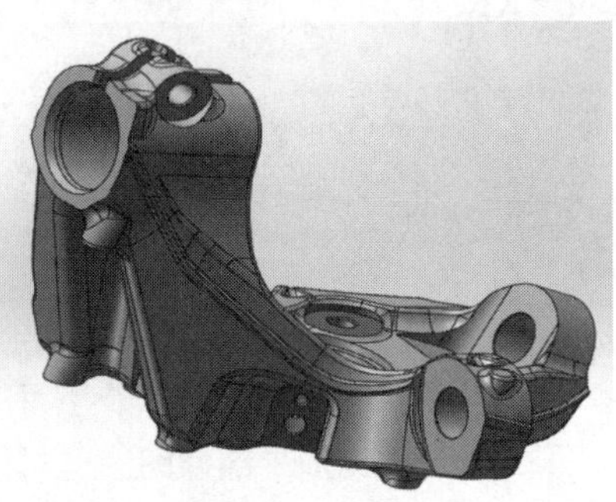

图 4–18　加工制动盘平面及传感器孔加工部件图

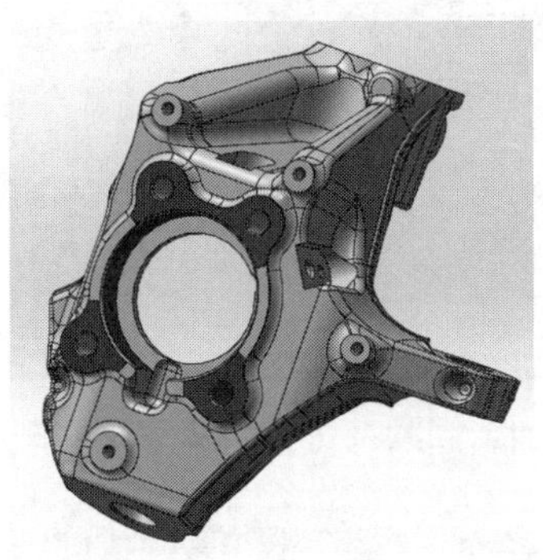

图 4–19　加工制动盘平面及传感器孔定位图

图 4–20　加工制动盘平面及传感器孔液压夹具图

图 4–21　高转速立式加工中心

第 5 章　转向节智能制造产线设计

5.1　转向节智能化加工系统

针对转向节加工生产流程长、加工工序多、物料转运复杂、加工精度高、测量要求高的特点，湖北三环锻造有限公司搭建了具有鲜明行业特点的面向转向节精密加工的 MES 系统平台，在设备互联互通的基础上，实现全过程的质量数据、生产数据、物料数据、人员操作数据、设备数据的采集，建立生产全过程质量追踪，以主成型机为核心，前端工艺拉动生产，后端工艺推动生产，减少中间在制品积压，提高生产效率。

转向节智能机加工生产线的一种方式是由数控加工中心、机器人、机内在线测量仪、自动液压夹具构成，全线无人自动化生产。转向节智能机加工生产线的另一种方式是以多主轴加工中心为主体，配备机加转运机器人[92-96]。这两种生产线都和企业 ERP 系统、PLM 系统、MES 系统等有机结合，配置了以在线检测、质量追溯、设备工具物耗数据、能耗数据、自动排程为核心的 MES 系统。这两种生产线可实现计划排产、上线激光刻码、扫描、刀具破损检测、在线检测及产品质量追溯、质量分析、刀具破损及寿命预警、设备能效监控、设备运行状况及故障反馈查询、报工、生产信息可视化等诸多功能[97]。它们可根据在线检测得到的转向节几何参数，自动调整加工工艺参数，实现智能化加工。整个加工过程是伴随着物料转移进行工单转移的过程。物料流转和工单流转是 MES 系统的两条主线，质量信息、能源信息、设备信息绑定在工单上，产品生产全过程信息以批次号管理工单的形式进行聚合，辅助以 ANDON 系统、指挥中心、看板管理等功能，形成具有鲜明锻压特色的 MES 系统。

MES 系统的智能终端内部具有独立的 CPU 和内存，有以太网络的 RJ45 接口和一个或多个 RS232 接口。其特点及优势为：

（1）真正做到将串口线路缩短到最短，增强了串口通信的稳定性。

（2）计算机服务器的并行处理能力大幅度提高，系统安全、稳定。

（3）通过智能终端的方式连接，可以有效地避免病毒对机床系统的入侵。

（4）后期可以通过智能终端和 DNC 采集软件的配合，针对支持宏 B 的数控机床直接实现快速机床加工信息采集。

（5）一个智能终端出现故障不会影响其他设备。另外，在维修方面也更加方便快捷，不用担心多串口服务器的方式下出现“一口损坏，整台更换”的尴尬局面。系统采用网卡接入方式，针对发那科（FANUC）、海德汉（HEIDENHAIN）系统，均可采用网卡直接连接交换机的方式进行机床通信。通过 CAXA 通信模块内置的专业 FTP 服务器及与管理端的关联机制实现机床与 CAXADNC 管理模块的文件交换。

在车间现场根据机床数控系统和接口形式不同，采用不同的方式完成数据收集，总体分为网卡机床采集和串口机床采集。串口机床分为支持宏 B 自动反馈的机床和不支持宏 B 自动反馈的机床。MES 系统中的网络 DNC 系统的高级采集模块功能提供企业部门树和车间布局图的展示，在车间布局图上用户可直观看到各机床的运行状态，并可方便查询单台设备的详细运行状态。通过高级采集模块可将各类采集方式采集到的生产管理需要的数据写入数据库，其具有如下功能：

（1）机床实时状态监测：采集数控设备的开关机、主轴的转与停、执行程序名和起止时间、故障代码等运行数据。

（2）生产状态监测：加工程序开始与终止，实际开机时间、待机时间、程序运行时间，机床开机率、利用率并输出饼图。

网络DNC系统的统计分析模块功能,采集数据库(CAXANETDNC)为数据源，将设备运行状态、设备工作负荷等数据进行汇总分析，得到有关设备运行状态、设备运行效率的报表，并根据客户设定的查询条件进行丰富多样的图文展示。其局部功能如下：

（1）数据库平台支持SQLServer或Oracle，数据库备份还原清理功能、自动备份功能。

（2）客户机/服务器模式，支持多个客户端同时登录，浮动授权节点。

（3）车间结构：设定工厂、车间名称，在车间下可添加工段、班组等子节点。以设备树的方式组织设备。可设定设备的类型、控制系统、生产厂家等参数。

（4）人员管理：针对不同的用户设置必要的访问及控制权限。根据客户的实际应用情况配置效率统计公式。

（5）以柱状图、饼图、曲线图、表格等形式展示统计结果。统计设备或车间的开机率、利用率、故障率等效率指标。其质量管理是通过与三维工程化平台/PLM的连接，将工艺标准数据化信息作为工作单元检测的质量标准。在每个工作中心，在制品通过智能检测设备扫码上线，扫码下线，严格地确保了工艺流程的完整性和有序性。

MES系统通过与智能检测设备的连接实时获取生产过程的检测数据，并实时和质量标准进行对比，严格控制生产过程的质量。对于尚未实现智能检测的工序，可以通过手持设备、工位看板等的输入，获取质量信息进行控制。MES系统通过对产品所有零件、原材料的实物标识，建立产品质量追踪档案，可以对产品生产全过程进行质量追溯。特别是售后服务过程出现质量问题后，可以快速定位问题零件、生产设备、生产时间、操作工、质量检测信息等内容，快速分析问题，企业的产品质量将大大提高。

5.2　三环锻造威亚线简介和转向节加工生产线优化

5.2.1　三环锻造威亚线简介

三环锻造威亚线采用自动化设备和机器人技术，使生产线实现更高的自动化程度，减少人工干预；利用数字化系统、传感器和控制技术实现对生产过程的实时监控和管理，提高生产效率和产品质量；应用人工智能、大数据分析等技术进行生产计划、预测性维护以及优化生产流程。整条产线利用数控机床和专用加工机床等设备对产品进行初步加工，后续利用桁架机械手自动线和多关节机器人自动线进行精加工，实现高效率、高精度生产。

5.2.2　三环锻造转向节加工生产线优化

三环锻造第四、第五代转向节生产线，加入威亚智能机加线，从根本上提高了工作效率，整线由 23 人组成（3 班次），包含 1 名工段长、1 名质检员、21 名操作工（单班 7 人）；整线加工工艺共 9 道工序，17 台加工设备；整线生产节拍 2min，产能达 600 件 / 天；配备机器人上下料，自动液压夹具；整线集成了 MES 系统，实现了生产过程、质量管理的自动化和智能化。

整线 9 道工序，其流程如下：铣端面、打中心孔→粗车盘面→粗车、半精车杆部及盘面→铣主销孔内外侧面、钻主销孔初孔→桁架自动线 – 全立加复合加工（2 道工序）→精铣内侧→车螺纹、精车轴径及盘面→磁粉探伤。

1. 铣端面、打中心孔

铣端面、打中心孔加工图如图 5–1 所示。

（1）加工工步：铣杆头端面；钻杆头中心孔和内档中心孔。

（2）夹具定位：采用轴颈、长短耳侧面定位，如图 5–2 所示。

（3）加工设备：铣端面、打中心孔数控机床，如图 5-3 所示。

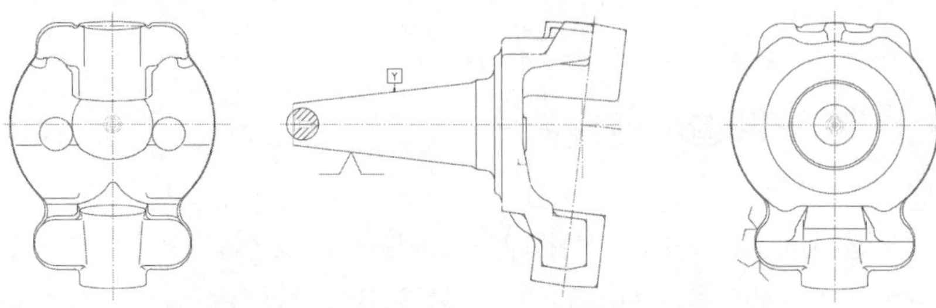

图 5-1　铣端面、打中心孔加工示意图

图 5-2　铣端面、打中心孔夹具定位图

图 5-3　铣端面、打中心孔数控机床

2. 粗车盘面

粗车盘面加工示意图如图 5-4 所示。

（1）加工工步：粗车盘部端面；粗车止口端面。

（2）夹具定位：拨盘 / 顶尖，如图 5-5 所示。

（3）加工设备：双柱立车，如图 5-6 所示。

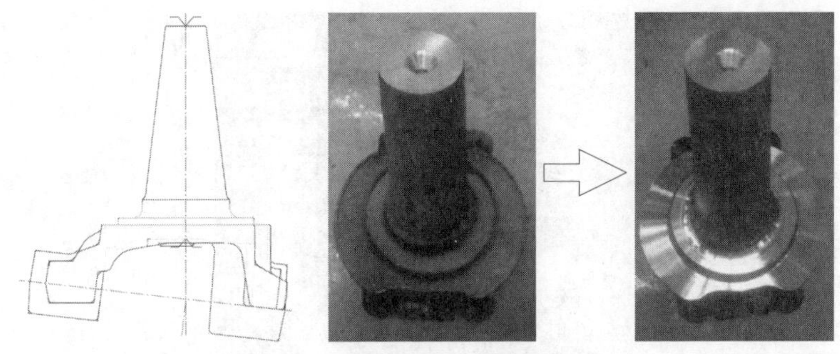

图 5–4　粗车盘面加工示意图

图 5–5　粗车盘面夹具定位图

图 5–6　粗车盘面加工设备图

3. 粗车、半精车杆部及盘面

粗车、半精车杆部及盘面加工示意图如图 5–7 所示。

（1）加工工步：粗车杆部；半精车盘面；半精车杆部。

（2）夹具定位：拨盘 / 顶尖，如图 5–8 所示。

（3）加工设备：数控车床，如图 5–9 所示。

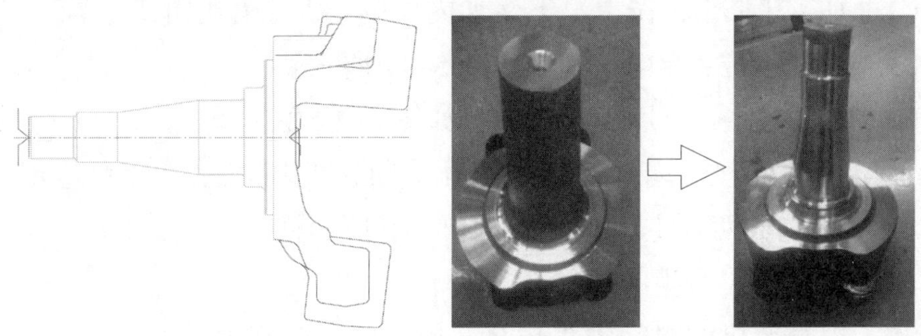

图 5–7　粗车、半精车杆部及盘面加工示意图

图 5-8　粗车、半精车杆部及盘面夹具定位图

图 5-9　粗车、半精车杆部及盘面加工设备图

4. 铣主销孔内外侧面、钻主销孔初孔

铣主销孔内外侧面、钻主销孔初孔加工示意图如图 5-10 所示。

（1）加工工步：粗铣上、下叉耳内外侧；钻主销孔初孔。

（2）夹具定位：专用夹具，如图 5-11 所示。

（3）加工设备：专用组合机床，如图 5-12 所示。

加工设备推荐铣内外侧钻主销孔专机，此机床为三环锻造定制设备，可一次完成两侧主销孔的加工和内外侧面铣削。

采用此设备，产生的效益有：

（1）组合专机的时间为 2.5min，单件工序时间提升了 1min。

（2）由以前 2 台设备占据30.02m^2，精简到 1 台设备占据6.5m^2，节省了设备排布空间。

（3）单件节省用电 1.25kW · h，按年产 50000 件可节省用电 62500kW · h。

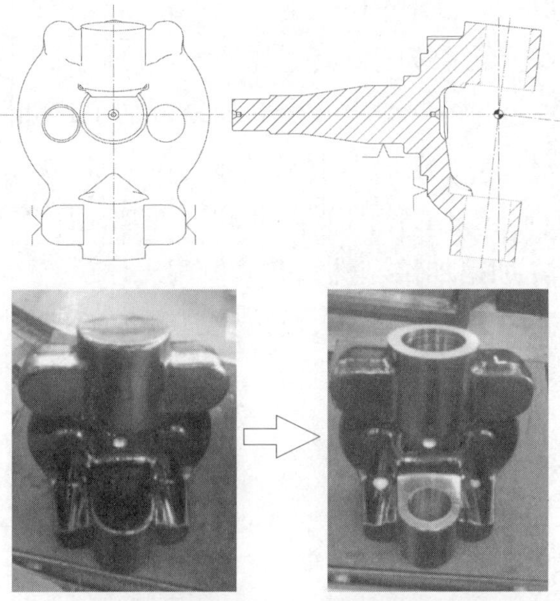

图 5-10　铣主销孔内外侧面、钻主销孔初孔加工示意图

图 5-11　铣主销孔内外侧面、钻主销孔初孔夹具定位图

图 5-12　专用组合机床设备图

5. 桁架自动线－全立加复合加工

桁架自动线－全立加复合加工加工图如图 5–13 所示。

（1）加工工步：加工盘部孔及主销孔；精加工左件钻孔和铣扁。

（2）夹具设备：专用液压夹具，如图 5–14 所示。

（3）加工设备：桁架自动线－全立加复合加工，如图 5–15 所示。

（4）工作介绍：该工作采用桁架机械手全立加模式，加工盘部孔及主销孔用五台立加精加工转向节盘部和耳部加全工序；精加工左件钻孔和铣扁用两台立加精加工左件钻孔和铣扁工序。

（5）产生效益：设备、操作人员减少 30%，产能增加 30%。

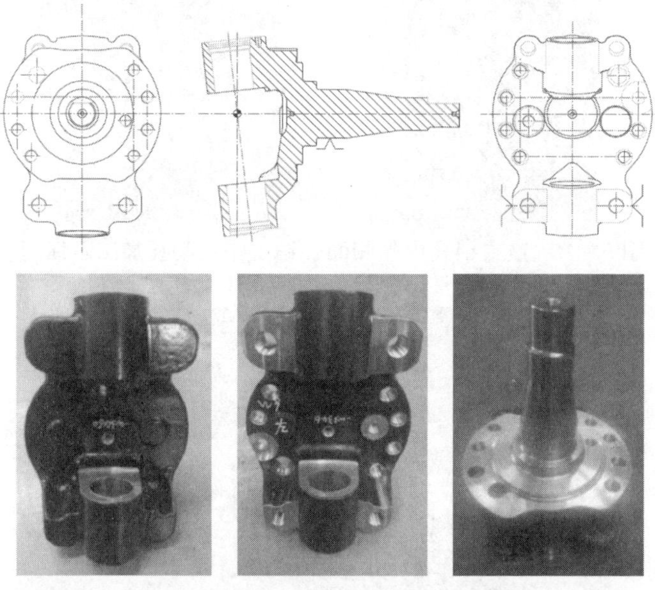

图 5–13　桁架自动线－全立加复合加工加工示意图

图 5–14　桁架自动线－全立加复合加工专用液压夹具设备图

图 5-15　桁架自动线 - 全立加复合加工加工设备图

6. 精铣内侧

精铣内侧加工示意图如图 5-16 所示。

（1）加工工步：精铣主销孔内侧面。

（2）加工设备：组合铣床，如图 5-17 所示。

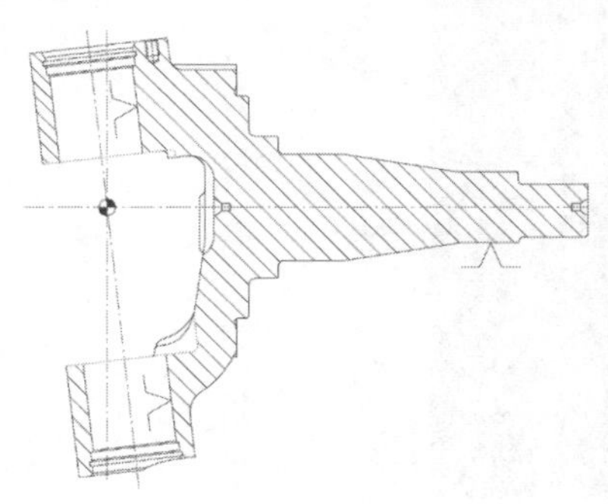

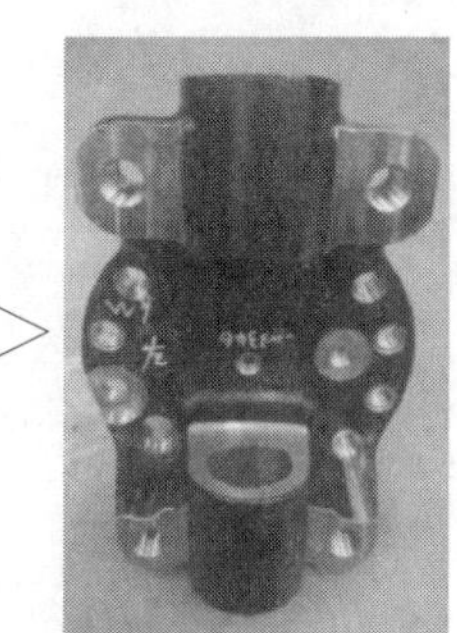

图 5-16　精铣内侧加工示意图

图 5-17　精铣内侧加工设备图

7. 车螺纹、精车轴径及盘面

车螺纹、精车轴径及盘面加工示意图如图 5-18 所示。

（1）加工工步：车轴端螺纹；精车盘面；精车内、外轴径。

（2）夹具定位：拨盘、顶尖，如图 5-19 所示。

（3）加工设备：马扎克高精度数控车床，如图 5-20 所示。

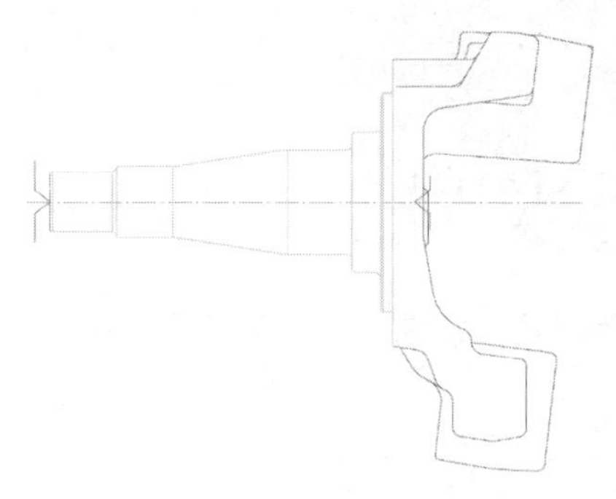

图 5-18　车螺纹、精车轴径及盘面加工示意图

图 5-19　车螺纹、精车轴径及盘面夹具定位图

图 5-20　马扎克高精度数控车床设备图

8. 磁粉探伤

（1）加工内容：检测表面裂纹。

（2）加工设备：荧光磁粉探伤机，如图 5-21 所示。

图 5-21　荧光磁粉探伤机

5.3　三环锻造智能制造产线关键设备

5.3.1　智能制造关键工装夹具

1. 夹具的发展概述

在机械加工制造过程中，用来固定加工对象，使其位于正确的位置，以便接受施工、检测的装置，都可以称为夹具[98]。

夹具的发展历史可以分为三个阶段：第一个阶段主要表现在夹具与人的结合上，此时夹具主要是作为人的单纯的辅助工具；第二个阶段夹具成为人与机床之间的桥梁，夹具的机能发生变化，主要用于工件的定位和夹紧；第三个阶段表现为夹具与机床的结合，夹具作为机床的一部分，成为机械加工任务的加工设备[99]。

夹具是机械加工中不可或缺的一部分，在机床技术向高速、高效、精密、复合、智能、环保方向发展的大背景下，夹具技术正朝着标准化、精密化、高效化、柔性化等方向发展。

（1）标准化：机床夹具的标准化和通用性是互相联系的两个方面。目前我国已有了夹具零件和部件的标准以及各类通用夹具、组合夹具标准等。夹具的标准化有利于缩短夹具的制作周期，降低夹具的加工成本，便于夹具的后期维护。

（2）精密化：随着加工设备精度等级的提高和产品精度需求的提高，夹具的精度必然需要同步提高。

（3）高效化：高效化主要是为了减少工件加工中的辅助时间，以提高生产效率，降低劳动强度。常见的高效化夹具有自动化夹具和高速化夹具等，如电动虎钳、气动夹具、液压夹具等。

（4）柔性化：夹具的柔性化是指通过调整、组合夹具，使其适应不同的工艺需求。具有柔性化特征的夹具主要包括：模块化夹具、组合夹具、成组夹具、数控夹具等。柔性化夹具能很好地解决生产中产品种类多、批量小、换产频繁的问题，是夹具发展的一个主要方向。

2. 工装夹具的应用优点

对于汽车企业来说，提高生产效率是企业发展的重要任务。而工装夹具的使用，能够在保证产品质量的同时提高生产效率，保证生产工作的安全性。工装夹具已经成为汽车零部件企业不可或缺的机械之一。使用工装夹具的优点有：

（1）可以提高生产效率。工装夹具能够提供定位、固定和支撑工件或产品的功能，使操作更加精确和高效，还能减少人工操作的时间，并确保产品的一致性和准确性，从而提高生产效率。

（2）可以保障产品质量。工装夹具能够确保零部件或产品在装配、加工或测试过程中的正确位置和姿态。通过固定和定位零件，工装夹具可以防止误差和偏移，确保产品的尺寸和功能符合规格要求，提高产品质量。

（3）可以提高安全性。工装夹具能够确保稳定和安全的工作环境。工装夹具可以固定和支撑工件或产品，避免操作中的意外和伤害风险。工装夹具还可以确保操作人员远离危险区域，保护他们的安全。

（4）降低成本。通过使用工装夹具，可以减少操作的人员数量和人员时间。这样可以降低劳动力成本，并减少因误差和不一致而造成的废品和返工成本。另外，工装夹具还可以延长设备和机器的寿命，减少维修和更换的频率，进一步降低成本。

（5）提高工作精度。工装夹具以其精确的定位和固定功能，能够大幅度提高操作人员的工作精度。工装夹具可以消除人为误差和不稳定性因素，从而提高产品加工和装配的精度和一致性。

3. 夹具的工作原理

（1）夹具的定位方式与定位元件。

工件在装夹定位后需保证长短耳两外侧面与水平面平行，因加工时刀具运动方向只能从上向下，所以加工过程中工件需旋转 180°，这就要求有一个旋转中心，能保证旋转后长短耳两外侧面的水平位置，满足该要求的仅有转向节内外轴颈的中心，所以选用转向节内轴颈作为定位基准，限制 4 个自由度。为限制转向节绕轴颈中心线旋转，选择转向节上定位孔作为另一个定位基准，限制 1 个自由度。为限制转向节沿转向节绕轴颈中心线移动，选择止扣台端面作为最后一个定位基准，共限制 6 个自由度，完成转向节的定位。

用于内轴颈定位的定位元件为长轴颈套，用于定位孔定位的定位元件为定位销，用于止扣台端面定位的定位元件为定位板，为保证定位精度和耐用性 3 个定位元件都需要进行淬火和磨削加工。

（2）夹具的夹紧机构。

为保证工件在加工过程中不晃动，需对工件进行夹紧。因该工序加工内容为钻、倒、攻 M8 螺纹孔，加工余量小，受力小，所以只需通过压紧螺母和压板对工件进行压紧即可。

（3）夹具的旋转机构。

工件在加工过程中需要旋转 180°，而夹具的旋转是通过轴承来完成的。夹具的底座与机床相连，通过 T 形螺杆对夹具进行固定，而夹具的定位元件均安装在拨盘上，拨盘与底座通过轴承连接，这样在实现夹具固定与工件定位的基础上，就能满足工件旋转 180° 的要求。

（4）夹具的其他机构。

为保证夹具在旋转 180° 后能准确定位，保证转向节长短耳两外侧面水平，需要用旋转定位销来确定拨盘旋转后的位置。为了防止加工中产生的铁屑等污物进入轴承中，影响夹具的正常使用，需安装轴承盖 3 对轴承进行保护。为便于拨盘的旋转，在拨盘两侧安装有螺杆，通过拨动螺杆可以很方便地对拨盘进行旋转。

4. 夹具的使用方法

装夹工件前需先清理定位套、定位销和垫板表面，保证定位表面清洁，无铁屑等污物，以保证定位有效。将工件内轴颈放入定位套中，然后将定位孔与定位销对齐，将工件装入夹具中，保证工件止扣台与垫板完全贴合，即可完成工件定位。将压板压在工件大盘面上，用压紧螺母压紧，即可完成工件的固定。此时可对工件一个侧面的螺纹孔进行加工。加工完成后拔掉旋转定位销，将拨盘旋转 180°，再插入旋转定位销进行定位，此时可对另一侧面的螺纹孔进行加工，两侧面均加工完成后松开压紧螺母，取出工件[100]。

5. 夹具与机床的固定

工件在加工过程中受力方向是垂直向下的，所以夹具只受垂直向下的力。理论上夹具放置在机床工作台上，依靠工作台平面即可实现对夹具的支撑，但为防止在装夹和取出工件时与夹具发生磕碰造成夹具移动，一般在夹具底座上开有 U 形槽，通过 T 形螺杆将夹具压在机床工作台上，以保证加工过程中夹具的稳定。

6. 钻床夹具概述

用于各种钻床（镗床组合机床）上的夹具统称为钻床夹具，又可称作钻模、镗模，其主要作用是保证孔的加工精度。钻床一般用于孔（直孔、螺纹孔、锥孔等）的加工，加工中有以下特点[101]：

（1）钻床上孔加工内容主要是钻、扩、铰、锪、攻螺纹等，这些孔多具有直径小、深度深的特点，所以加工使用的刀具长径比大，刀具刚性较差。

（2）孔加工刀具中有一部分是多刃刀具，不对称的刀刃分布在加工中会影响加工孔的尺寸精度和位置精度。尤其是使用普通麻花钻时，手工刃磨钻头所造成的两侧不对称在加工中极易造成孔径偏大、孔位置偏移等问题，严重影响孔的尺寸和位置精度。

综合以上孔加工的特点，钻床夹具的主要任务是解决工件相对于刀具的正确加工位置的控制问题。在批量生产中，多在夹具上安装钻模板对刀具进行强制性引导，以保证孔加工时的位置精度。但受夹具限制无法安装钻模板时也可事先在加工中心上做引孔定位，然后在钻床对孔进行加工，但该加工工艺仅适用于孔所在位置为平面，加工工况稳定的情况。

针对不同的加工工件，钻床所用的夹具是不同的。钻床夹具的主要夹具类型如下：

（1）固定式：夹具与机床连接后位置固定不变，主要用于立钻、摇臂钻床等较大工件加工。

（2）回转式：用于同一圆周上的孔系加工，包括立轴回转、卧轴回转、斜轴回转三种基本形式。

（3）移动式：钻模移动，用于加工同一个表面上的多个孔，多应用于中小型零件。

（4）翻转式：钻模板翻转一定角度，用于加工不同表面上的孔。

（5）盖板式：没有夹具体，模板盖在工件上加工。

（6）滑柱式：可升降钻模板的通用可调夹具。

针对不同工件的加工，要根据工件的外形和加工要求选择不同的夹具。

夹具的主要组成部分有夹具体、拨盘、轴承盖、垫圈、定位销、定位套、垫板、旋转定位销、衬套等。

（1）夹具体。

1）夹具体的结构。夹具体需要支撑起整个夹具，所以夹具体一般体型较大。夹具因需要安装轴承，所以夹具体中心需挖空，夹具体较大的外形也能满足加工和使用中对夹具性能和强度的要求。夹具体底板面积要足够大，这样能保证夹具与机床连接后的稳定，同时也有足够的空间加工与机床连接用的 U 形槽。夹具体结构如图 5–22 所示。

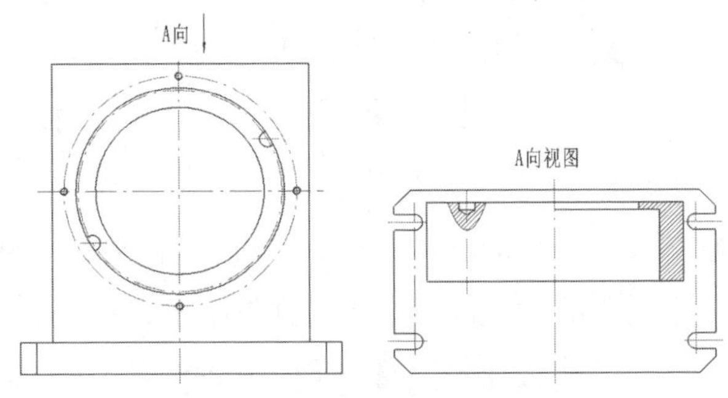

图 5–22　夹具体结构示意图

2）夹具体的选材和加工要求。因夹具体起着连接机床，支撑整个夹具的作用，所以夹具体一般外形尺寸较大，且结构复杂，从加工成本和加工工艺方面考虑，夹具体最适合采用铸件。铸件可以根据不同的使用要求铸造出复杂的结构，且铸件的耐腐蚀性能好，抗静压能力强，不易变形，可支撑起整个夹具，能在长时间使用后保证夹具不变形，从而保证夹具的使用寿命。

夹具体铸造完成后不得有砂眼、气孔、缩松、裂纹等缺陷，以保证夹具体后续加工的质量和后续使用的稳定。夹具体铸造完成后需进行时效处理，以满足加工强度要求。对于夹具体有安装要求和需要装配的位置要进行机加工，提高表面粗糙度和尺寸精度，以满足夹具的装配和产品的定位要求。夹具体与机床接触的连接面最好进行磨削处理，保证连接面的平面度，以确保夹具体与机床连接后的稳定。

3）夹具体与机床的连接。夹具体放置在钻床的工作台上，下底面与机床工作台贴合，通过 T 形螺杆将夹具体固定在机床上。T 形螺杆下方卡在机床 T 形槽内，杆部穿过夹具体的 U 形槽，上方通过压紧螺母将夹具体固定在工作台上。

（2）拨盘。

1）拨盘的作用。拨盘是夹具在使用中实现旋转的主要零部件，它一方面需要保证工件在装夹后能准确定位，另一方面与轴承配合使用保证夹具的稳定旋转,并在旋转后能准确定位。所以夹具中的定位元件，如定位套、定位销、垫板等均安装在拨盘上。

2）拨盘的结构分析。根据拨盘的作用可知，拨盘可分为两个部分，第一部分用于安装定位元件，主要作用是定位工件，可称为定位部分；第二部分用于与轴承的配合安装，主要作用是旋转夹具，可称为旋转部分。拨盘在旋转前后均需要保证转向节长短耳外侧面平行于水平面，而转向节耳部和定位用的杆部不是垂直的，而是有主偏角，这就要求拨盘的旋转部分和定位部分需要有一定的夹角，大小与主偏角相同，从而保证工件靠内轴颈装夹定位后长短耳两外侧面与水平面平行。拨盘结构示意图如图 5–23 所示。

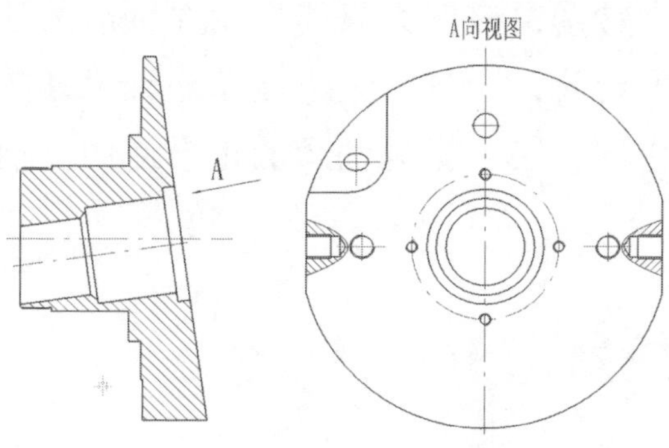

图 5–23 拨盘结构示意图

3）拨盘的选材与加工要求。因定位元件均安装在拨盘上，为保证定位尺寸的稳定，要求拨盘有极强的抗变形能力。而定位元件又是易损件，需要经常更换，这就要求拨盘耐磨损，所以拨盘的选材和夹具体一样，也是使用铸铁。

拨盘铸造完成后不得有砂眼、气孔、缩松、裂纹等有害缺陷，以保证拨盘的加工质量和使用中的稳定性。拨盘铸造完成后需进行人工时效处理，提高拨盘的强度性能。因为拨盘上装配有所有的定位件，拨盘的加工精度直接影响整个夹具的定位精度，同时拨盘的定位部分和旋转部分还带有一定角度，该角度的精度会影响螺纹孔加工后与平面的垂直度，所以拨盘的加工精度要求高，加工难度较大，需在数控加工中心一次性加工完成。

（3）轴承盖。

1）轴承盖的作用。轴承盖在夹具中的作用主要有两个：一个是固定轴承，保证轴承在使用中相对位置的稳定，防止轴承在夹具体中沿轴向转动；另一个是为轴承创造一个相对封闭的空间，防止工件在加工过程中产生的铁屑等污物进入轴承中，从而导致轴承转动出现故障，影响夹具的正常使用。

2）轴承盖的结构分析。为满足轴承盖的以上两个作用，轴承盖可设计成圆形薄板状，在轴承盖靠近边缘的位置开几个过孔，通过螺栓将轴承盖固定在夹具体上，从而创造出一个相对封闭的空间。为了固定轴承，防止轴承沿轴向转动，轴承盖需给轴承一个轴向压力。为了不妨碍轴承的正常转动，该压力只能作用在轴承的外圈，这就要求轴承盖上要有圆环形台阶，台阶的大小能压住轴承外圈即可，这样既能起到固定轴承的作用，又不影响轴承的正常使用。轴承盖结构示意图如图 5-24 所示。

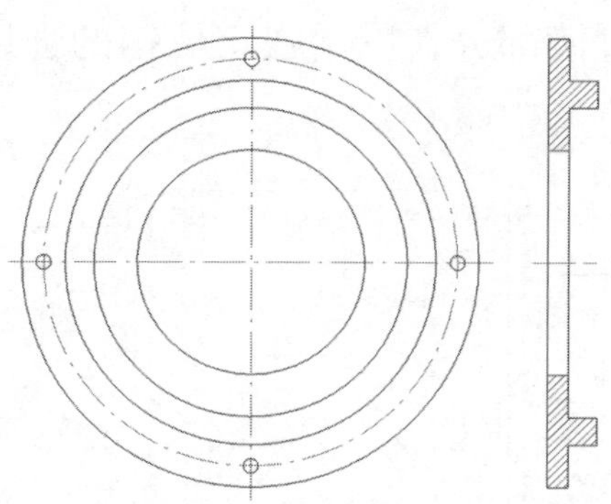

图 5-24　轴承盖结构示意图

3）轴承盖的选材和加工。因为在夹具的使用过程中轴承盖并不受力，而且轴承盖的结构简单，所以轴承盖的选材并无特殊要求，采用 45 号钢即可，加工时在车床上一次性加工出整个外形，然后在钻床上加工螺栓连接用过孔。

（4）垫圈。

1）垫圈的作用。垫圈安装在轴承盖和轴承之间，在用轴承盖固定轴承时避免两者直接接触，起过渡作用，在夹具安装时可避免轴承的磨损，保证使用时更稳定。

2）垫圈的结构分析和加工。垫圈为圆环形薄圈，分为大垫圈和小垫圈。其中，大垫圈安装于轴承外圈和轴承盖之间，用于固定轴承外圈；小垫圈安装于轴承内圈和大螺母之间，用于固定轴承内圈。垫圈起过渡作用，在夹具使用中受力不大，使用情况比较稳定，所以材质选用 45 号钢即可，加工时在车床上一次性加工完成。

（5）定位销。

1）定位销的作用。定位销一端安装于夹具上，另一端与工件上的定位孔配合安装，起着定位工件的作用，是夹具中主要的定位元件之一。

2）定位销的结构分析。定位销为圆柱体，一端与夹具配合安装，称为连接端；一端与工件上的定位孔配合，称为定位端。因工件上的定位孔孔径比较小，所以定位销定位端的直径较小，当定位销的长度较长时，为防止定位销加工和使用过程中变形，可以考虑加粗中间部分，做一个台阶，作为过渡部分，以增强定位销的强度。定位销结构示意图如图 5–25 所示。

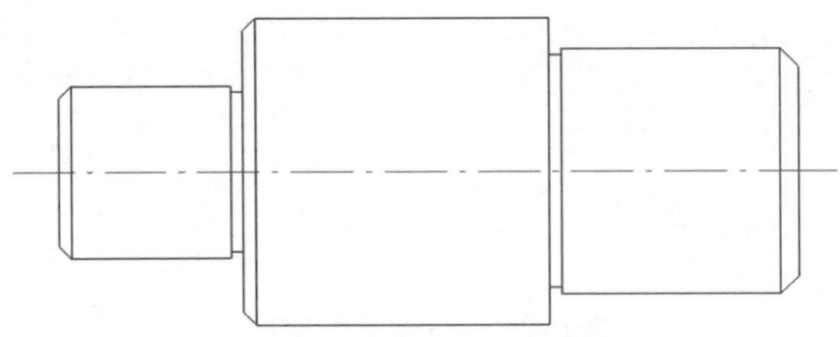

图 5–25　定位销结构示意图

定位销的连接端与夹具一般采用过盈配合，保证定位销安装后的稳定可靠。定位端与过渡部分相交处根部需加工退刀槽，一是便于定位销外圆的磨削加工，二是保证定位销过渡部分端面与夹具完全贴合，从而保证夹具使用过程中定位准确且稳定。定位销的定位端长度需小于定位孔的深度，以避免工件定位时产生干涉。为便于工件安装，定位端顶部需进行倒角，一般倒角越长越便于安装，但考虑定位端本身长度较短，为保证定位的稳定，定位端需保证一定的有效长度，所以倒角采用3×30°。为便于取出定位销，需在定位端上平面做一个拔销孔，在定位销过度磨损需要更换时，通过拔销器与拔销孔连接，可以很方便地取出定位销。

3）定位销的选材和加工。因每次装夹定位工件时，定位销的定位端与工件上的定位孔存在磕碰与摩擦，所以定位销需硬度高、耐磨损，根据此要求，材质选用 T10A 碳素工具钢，该材质的强度和耐磨性均较好，也可用于外形简单的量具的制作。

定位销因要求硬度高且耐磨，所以必须进行淬火处理。定位销的加工工艺一般为半精车—淬火—精磨。因 T10A 碳素工具钢淬火后变形量较大，为保证精磨后定位销的尺寸和定位端与连接端同轴度，半精车应为精磨预留较大加工余量，一般单边预留 0.4 ～ 0.5mm。淬火时先在加热炉中加热，然后水冷，因为定位销本身体积小，加热快，不存在淬透性问题，所以也可直接用乙炔 – 氧火焰进行火焰淬火。淬火硬度不宜过高，硬度过高在使用过程中如遇猛烈磕碰或撞击，定位销易断裂，一般淬火硬度为 HRC50~58。磨削时采用外圆磨，磨削需保证定位销定位端和连接端的尺寸和同轴度，连接端的尺寸可根据夹具上的定位销孔实际尺寸进行配做。

（6）定位套。

1）定位套的作用。定位套是夹具中主要的定位元件之一，多为回转体，定位套的外圆安装于夹具上，定位套内孔与工件的内轴颈配合安装，起着定位工件的作用。

2）定位套的结构分析。定位套为回转体圆环，分外圆和内孔。外圆与夹具配合安装进行连接，内孔与转向节内轴颈配合进行定位。为防止在使用过程中定位套沿轴向滑动，在上端需有台阶，进行定位。台阶下平面需磨削，保证平面度以及与定位套外圆的垂直度，台阶下平面与定位套外圆相交处需加工退刀槽，一是便于磨削定位套外圆时砂轮退刀，二是保证定位套安装时与拨盘能完全贴合。

3）定位套的选材和加工。同定位销一样，定位套在使用过程中与工件之间会经常有磕碰和摩擦，所以定位套也需要有良好的强度和耐磨性。同时，定位套在使用中对工件有一定的支撑作用，在加工过程中还需要承受一定的力，所以定位套还需要有良好的韧性。综上所述，定位套的材质可选用 40MnB 合金结构钢。40MnB 作为中碳调质钢，价格适中，加工容易，经过适当热处理后即可获得不错的塑性、耐磨性和韧性，能满足定位套的需求。

定位套结构较为简单，加工工艺为半精车—淬火—精磨。半精车时把定位套的外形全部加工完成，除定位套外圆、内孔和台阶下端面预留磨量外，其他部分尺寸加工到成品状态。因定位套外形尺寸较大，且为薄壁结构，所以在车削加工中和淬火之后存在一定变形量。但 40MnB 材质较 T10A 材质热处理后变形量小，所以外圆和内孔的预留模量一般为 0.5mm 左右。轴颈套淬火工艺和定位销相同，可用加热炉加热后水冷淬火，也可用乙炔－氧火焰进行火焰淬火，淬火硬度为 HRC53~58。磨削时需分别对外圆和内孔进行磨削。为保证定位套的同轴度，先磨削内孔，内孔磨削完成后在内孔中装配一个芯轴，芯轴两端有中心孔，中心孔中心连线与芯轴外圆中心线共线，这样在磨削定位套外圆时用芯轴两端的中心孔定位即可保证定位套外圆和内孔的同轴度，也可防止在磨削定位套外圆时因径向受力过大而导致定位套变形。

（7）垫板

1）垫板的作用。垫板在夹具中与转向节的止扣台相配合，固定转向节沿轴颈中心线方向的尺寸，是夹具中主要的定位元件之一。

2）垫板的结构分析和加工。垫板与转向节止扣台配合，所以垫板的形状设计为圆环形薄板。通过内六角螺栓固定在夹具的拨盘上。为保证垫板定位的稳定，垫板与工件配合时接触面积应尽量大。垫板的外径可稍大于止扣台外径，但不可过大，外径过大会增加加工难度和成本。垫板的内径需保证装配后不与转向节干涉。垫板结构示意图如图 5–26 所示。

垫板作为定位件，也需要有一定的硬度和耐磨性，所以垫板需要进行淬火处理。垫板的加工工艺为半精车—淬火—精磨。垫板因为是一个圆环，所以可在车床上直接车削完成。垫板加工中需要注意的是垫板上下两个面的平面度和平行度，考虑到垫板在车床上加工和淬火过程中会存在一定变形，所以垫板淬火后需对上下两个面进行磨削，在车削垫板时，垫板厚度尺寸需预留一定的磨削量。

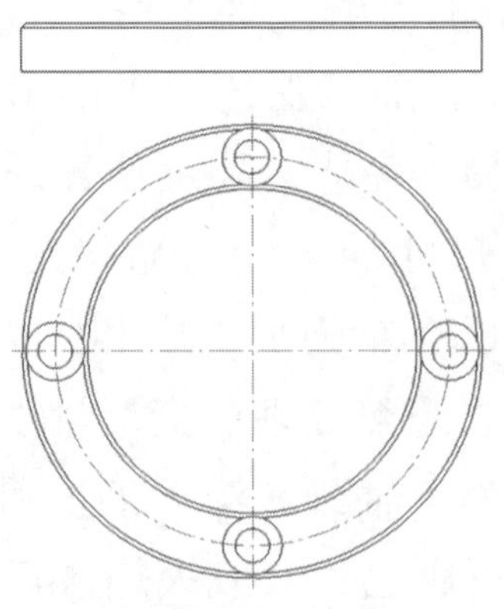

图 5–26　垫板结构示意图

（8）旋转定位销。

1）旋转定位销的作用。旋转定位销主要用于夹具中拨盘旋转前后的定位。夹具底座上开有两个定位孔，两个定位孔中心和拨盘旋转时的中心在一条水平线上，拨盘上有一个定位孔，旋转定位销同时通过插入拨盘上底座上的定位孔对拨盘进行定位，当转向节一侧的螺纹孔加工完成后拔出旋转定位销，将拨盘旋转 180° ，然后插入拨盘上的定位孔和底座上的另一定位孔，从而完成旋转后的定位。

2）旋转定位销的结构分析和加工。旋转定位销主要由两段圆柱组成，一段为定位部分，用于与拨盘和底座上定位孔的配合，另一段为手持部分，可进行滚花，增加摩擦。旋转定位销在使用中需要经常取出和插入，为了保证定位精度和定位一致性，旋转定位销一定要耐磨，所以材质选用 T10A 碳素工具钢。加工工艺为半精车—淬火—精磨定位部分，和定位销加工工艺相同。旋转定位销结构示意图如图 5–27 所示。

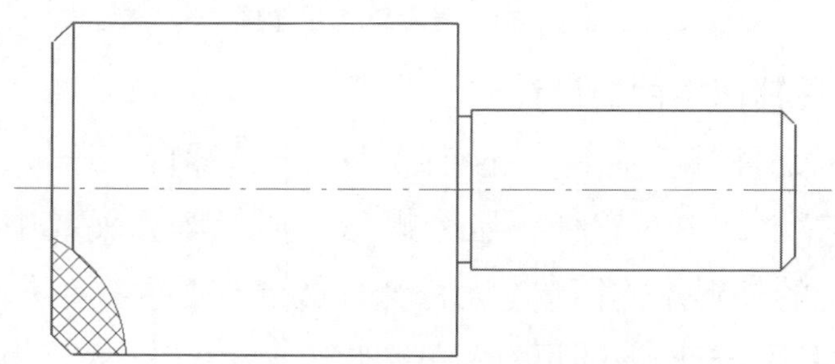

图 5–27　旋转定位销结构示意图

（9）衬套。

1）衬套的作用。因夹具中的夹具体和拨盘均为铸件，耐磨损能力差，但夹具体和拨盘上都有定位孔，需要与定位销和旋转定位销配合使用，完成定位。定位销和旋转定位销在使用过程中会对夹具不断地进行磨损，特别是旋转定位销取出和插入频繁，很快就会磨损，导致夹具丧失定位精度，无法使用，所以在夹具体和拨盘的定位孔中需安装过渡的衬套，用以保护夹具体和拨盘，增强夹具的耐磨性，延长夹具的使用寿命。

2）衬套的结构分析和加工。衬套外形为圆柱环，外圆与夹具采用过盈配合，内孔与定位销或旋转定位销配合安装。衬套需要高耐磨性，在使用中受力小，所以材质选用 T10A 碳素工具钢，加工工艺为半精车—淬火—精磨外圆。因衬套内孔较小，无法在磨床上进行磨削，所以在车床上加工时外圆预留 0.4 ～ 0.5mm 磨削量，内孔加工时先钻底孔，然后再精铰孔，以保证内孔尺寸。淬火采用乙炔 – 氧火焰进行火焰淬火，淬火硬度为 HRC53 ～ 58。衬套结构示意图如图 5–28 所示。

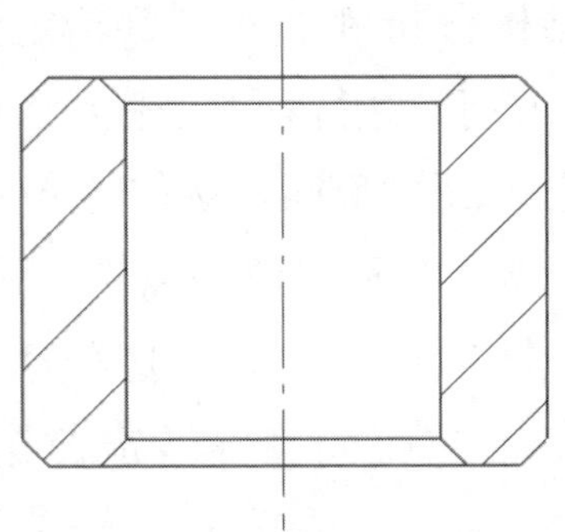

图 5–28　衬套结构示意图

（10）夹具其他零件的设计。

除上述零部件外，夹具中还有螺杆、压紧螺母、压板、六角螺母、垫片、轴承等。其中，螺杆、压紧螺母、压板等为夹具中经常使用的零部件，它们的外形结构简单，无特殊性能要求，不需要进行淬火处理，材质使用常用的 45 号钢即可；六角螺母、垫片、轴承等为夹具中经常使用的标准件，可直接购买使用。

7. 冲焊蹄焊接夹具

（1）冲焊蹄焊接夹具概述。

冲焊蹄焊接夹具是汽车零部件焊接生产线上一个重要的组成部分，关系到汽车车身焊接的焊接精度与焊接质量。在设计冲焊蹄焊接夹具时，需要考虑焊接的定位方式、夹紧点、夹紧方式、动力源及动力传输方式、夹具与焊枪的干涉、夹具的节拍是否影响生产线的生产节拍、夹具的空间位置是否影响厂房内机床等的分布等，既要满足生产需求，又要尽可能地减少成本，提高经济效益。

（2）冲焊蹄焊接夹具的结构和工作原理。

以薄板工件焊接为例，冲焊蹄焊接夹具构造示意图如图 5–29 所示。

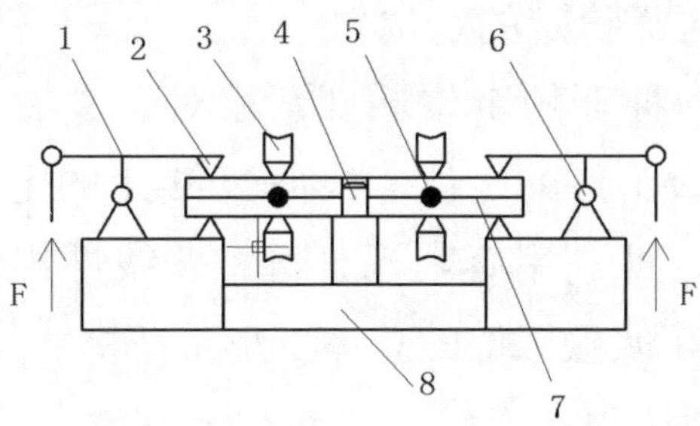

1– 压臂；2– 压头；3– 焊枪；4– 定位销；5– 焊点；6– 支点；7– 工件；8– 工作台

图 5–29　冲焊蹄焊接夹具构造示意图

冲焊蹄焊接夹具主要由定位部分和夹紧部分构成，定位部分固定在焊接工作台上，夹紧部分有一部分固定在工作台上，一部分是活动件，既能保证工件夹持的有效性，又满足了工件在焊接过程中的精度要求。

工作原理：工件放置在工作台上，通过定位销限制工件水平方向自由度，两侧的压臂被施加力 F，压臂旋转使压头压紧工件，限制了工件垂直方向自由度，并使工件更好地贴合在一起，防止焊接过程中工件的焊接变形；当工件焊接完成，压臂被施加反方向的力 F，此时压臂旋转使压头远离工件，便可取出工件。

（3）冲焊蹄焊接夹具工作具体方案。

1）定位部分方案分析。

定位原理：经过多年的发展，焊接夹具的分析和设计已经形成了较为系统的设计理论，如 N–2–1 定位理论、形闭合和力闭合理论、螺旋理论等。N–2–1 定位理论属于汽车专用夹具设计范围，可用于汽车专用焊装夹具的设计，由定位元件、夹紧元件、连接元件、骨架及固定元件等部分构成。定位元件的设计是夹具设计中最重要的部分。定位元件在设计时大多采用六点定位原理，即 3–2–1 定位原理。对于零部件的焊接，需要考虑夹具除了有限制零件刚体自由度的基本功能外，还能够限制工件在焊接过程中过多的变形。如果采用普通的六点定位原理定位工件，由于没有进行全面可靠的定位，工件会因为定位不准产生不必要的变形。因此必须要有更为有效的夹具定位理论来支持对薄板柔性工件进行可靠稳定的定位。

N–2–1 定位是一种新的定位原理，相对于 3–2–1 定位原理，该定位原理更适用于薄板工件的定位。根据 N–2–1 的定位原理，可以提出夹具优化设计算法，即利用有限元分析和非线性规划方法找到最合适的 N 定位点，从而使薄板工件的总体变形最小。

N–2–1 定位原理认为：

① 第一基准面上的定位点数为 N（N ≥ 3）。

大多数薄板工件在加工过程中，均会产生法向方向的变形，其中包括零件自重对零件产生的变形，严重影响零件焊装精度。有关分析表明，一块长、宽均为 400mm，厚为 1mm 的薄板，在采用 3–2–1 原理定位的情况下，只自重就能产生 1 ～ 3mm 的平均变形。所以，夹具系统需要在第一基准面上采用多于 3 个定位点来限制零件法向方向的变形。

② 第二、第三基准面所需的定位点为 2 个和 1 个。

在第二、第三基准面上分别需要 2 个和 1 个定位点限制薄板件的刚体运动。2 个和 1 个定位点是完全足够的，因为实际加工所产生的力通常不会作用在这两个基准面上，以避免弯曲和翘曲。更进一步的分析表明，第二基准面上的两个定位点应布置在薄板件较长的边上。这是因为当两个定位点间距尽可能大时，零件将更稳定，同时还可以更好地弥补零件表面或定位元件的安装误差 [102]。

③ 禁止在工件的正反两面同时设置定位点。

在工件的正反两面同时设置定位点很有可能会因为极小的几何缺陷导致工件产生巨大的挠度、扭曲等，严重影响工件的稳定性。所以禁止在工件的正反两面同时设置定位点。

常见的定位方式主要有两种，第一种是面定位，第二种是孔销定位。

面定位方式原理示意图如图 5–30 所示。其主要应用于较规则的块状零件，且工件较厚，不易产生变形。

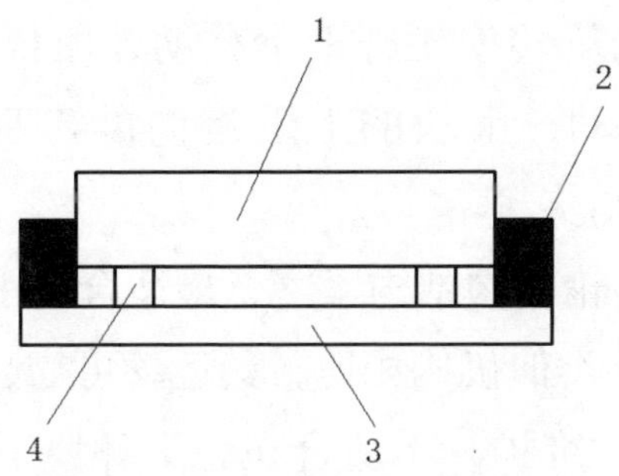

1- 工件；2- 定位块；3- 工作台；4- 支撑块

图 5-30　面定位方式原理示意图

销孔定位方式的原理示意图如图 5-31 所示，其适用于较薄工件，易加工出定位销孔，且定位孔不影响工件的力学性能。

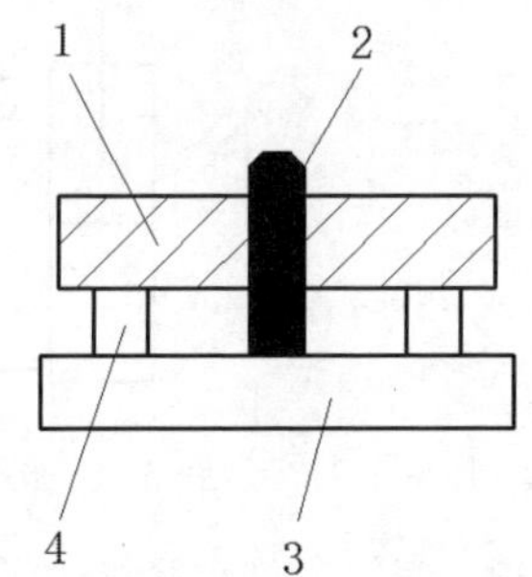

1- 工件；2- 定位销；3- 工作台；4- 支撑块

图 5-31　销孔定位方式原理示意图

2）夹紧部分方案分析。

① 夹紧方案一，采用凸轮连杆滑块机构夹紧，如图 5-32 所示。

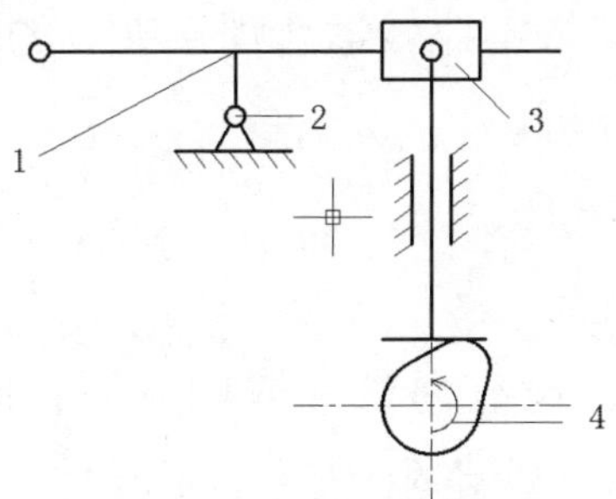

1- 压臂；2- 支点；3- 滑块；4- 凸轮

图 5-32　方案一夹紧机构示意图

工作原理：由凸轮旋转使压杆上下移动，压杆将上下运动传递给滑块，迫使滑块上下运动，滑块的上下运动再转变为压臂的上下摆动，从而实现工件的释放与夹紧。

此结构的特点是凸轮机构结构紧凑，最适合要求从动件做间歇运动的场合。与液压和气动的类似机构相比，其运动可靠，但是容易磨损，也容易产生噪声，需要经常维护，不适合在恶劣环境下工作，而且运动行程与液压和气动相比较小，且不可调，压臂运动范围较小，影响工件的取放。

② 夹紧方案二，采用气缸连杆夹紧结构，如图 5–33 所示。

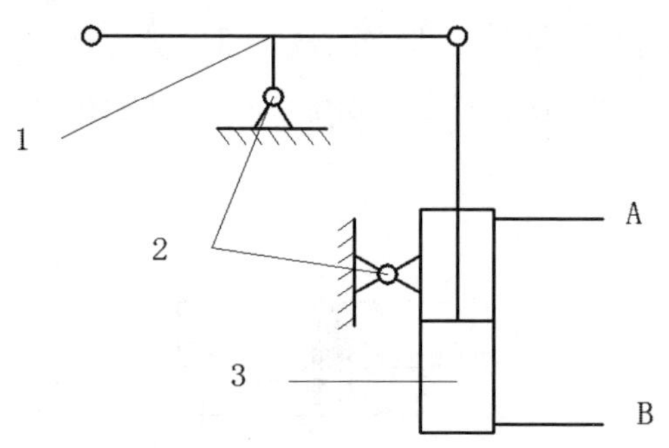

1– 压臂；2– 支点；3– 气缸

图 5–33　气缸连杆夹紧结构示意图

工作原理：空气由 B 口进、A 口出，气缸活塞使气缸杆上移，带动压臂逆时针旋转，夹紧工件；空气由 A 口进、B 口出，气缸活塞使气缸杆下移，带动压臂顺时针旋转，松开工件。

此结构的特点是：结构简单，动作简单，能量传递损失小，气缸运动行程较长，可以控制。此方案比较适合焊接夹具的设计，因此采用此方案。

3）动力部分方案分析。

动力可选用液压或气压。

① 气压传动的优缺点。

优点：介质为空气，没有污染，取用方便，即使泄漏，对工作的影响也不大；介质黏性小，管路阻力远小于液体，适用于远程传输控制；工作压力低，元件的材料和制造精度低；维护简单，使用安全；气动元件可以根据不同场合采用相应材料，使元件在恶劣的情况下能够正常工作。

缺点：气压传动装置的信号传递速度在声速以内，工作频率远小于电子装置，信号有较大的失真和延滞，不便于构成复杂的控制系统；空气的压缩性远大于液压油的压缩性，因此响应能力、工作速度的平稳性不如液压传动；气压系统出力小，且传动效率低。

② 液压传动的优缺点。

优点：操作方便，省力，系统结构空间的自由度大，易于实现自动化，且能在很大的范围内实现无级调速，传动比可达100∶1至2000∶1。如与电气控制相配合，可较方便地实现复杂的程序动作和远程控制。此外，流体传动还具有传递均匀平稳，反应速度快，冲击小，能高速启动、制动和换向，易于实现过载保护。流体控制原件标准化、系列化和通用化程度高，有利于缩短系统的设计、制造周期和降低制造成本。

缺点：介质容易泄漏，空气的可压缩性不能严格保证传动比；压力损失和介质泄露会使传动效率变低；流体传动不能在高温下工作；流体控制元件制造精度高，在工作中发生故障不易诊断。

（4）工装夹具选用要求。

1）焊接工装夹具的动作应相当迅速，操作方式要简单方便，操作位置应处在工人容易接近的地方和最适宜操作的部位。特别是手动夹具，不能使操作力过大，也不能使操作频率过高，操作位置的高度应设置在工人最容易用力的高度，当夹具处于夹紧状态时，要能够自锁。

2）焊接工装夹具的空间设计要合理，既要保证焊枪在焊接过程中与夹紧部分有足够的距离，既不能影响焊枪的焊接过程，又不能影响工人对焊接过程的观察，更不能影响工件的拆卸。夹具的夹紧机构执行元件要有足够的活动空间。

3）夹具的夹紧力要可靠适当，既能保证工件的定位，不产生滑移，又不能对工件产生过大应力而产生形变。

4）为了使夹具能够安全使用，应考虑是否需要加入连锁保护装置等应急保护措施。

5）夹紧工件时，应考虑夹具是否会损伤工件表面。在夹紧较薄工件时，应当限制夹紧力的大小，对压头的行程进行定位，或加大压头接触面积，添加铝铜衬垫等。

6）在夹具靠近焊接的位置，应考虑绝热、绝缘等的保护，防止焊接飞溅等对夹具的表面粗糙度或者精度造成不好的影响。

7）夹具的施力点应当位于焊件的支撑点或者要尽可能靠近支撑点，防止工件因形成不对称力偶而发生形变。

8）夹具工作时，要考虑焊接方式对夹具提出的特殊要求，例如绝缘、绝热、隔磁等的要求。

9）使用型板焊接结构的夹具，要有足够的刚度和强度，特别是夹具结构的刚度，对夹具结构的形状精度、位置尺寸精度有较大的影响。

10）在同一个夹具上，夹紧机构和定位机构不能过多，而且尽可能使用同一个动力源。

11）工装夹具体应该具有较好的制造工艺和较高的机械动作效率。

（5）冲焊蹄焊接夹具的组成及零件。

1）焊接夹具的组成。

汽车焊接夹具设计属于专用夹具设计，尽管各类车身焊接夹具的结构形式、复杂程度和零件数量不同，但按功能来分，车身焊接夹具通常由工作零件、夹紧器、固定零件、辅助零件组成[103]，如图 5-34 所示。夹具零件的属性见表 5-1。

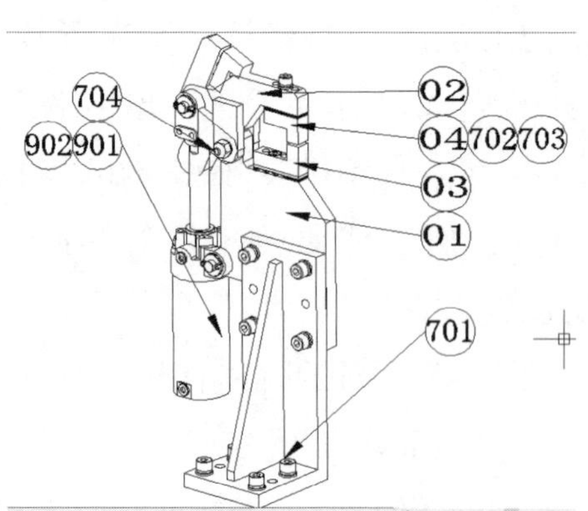

01- 连接板；02- 压臂；03- 定位块；04- 定位块（压头）；701- 角座；702- 垫块；703- 垫块；704- 锁螺帽；901- 气缸；902- 衬套

图 5-34　夹具组件示意图

表 5.1　夹具零件的属性

组成结构	零件	属性值
工作零件	定位块 压块 定位销	L 形、U 形 L 形、U 形 圆形、菱形
夹紧器	夹紧气缸 连杆 连接板 压转臂 限位块	工作行程、缸径 铰支点距离 安装孔间水平距离、垂直距离 安装孔间水平距离、垂直距离 孔数、垂直距离
固定零件	支座	高度
辅助零件	垫片 螺栓、基准销	长度、孔数、孔距、厚度 直径、长度

① 工作零件：夹具的核心部分，直接与工件接触，确定被加工工件在夹具中的位置，保证被加工工件在加工过程中的尺寸精度和技术要求等，有时也会确定零件的外形。工作要件主要分为 3 类：定位块——定位车身型面；定位销——定位车身的孔；压块——夹紧定位面。通常情况下压点的数量小于定位点的数量，并且压块与定位块是一一对应的。定位销的安装位置与被加工工件的销孔一一对应。

② 夹紧器：夹紧零件时实现夹紧动作，由气动或者手动夹紧，保证定位块、夹紧块与工件紧密接触，保证工件在焊装过程中不会发生相对移动或受装配力、焊接应力等产生形变。根据被加工工件的外形尺寸夹紧器被设计成不同的结构形式，分为一节旋转销式、两节旋转销式和手动四连杆式 3 种。

③ 固定零件：用来连接夹紧器与工作台，是夹具安装或者检验的基础，承受夹紧器夹紧时受到的各种情况的力，通常被设计成标准件，可以根据不同需求选择使用，分为固定式和旋转式。

④ 辅助零件：起固定连接的零件，通常按照国家标准或者企业标准来设计、制造和选用。

车身焊接夹具可按名称分为定位块、压块、定位销、夹紧气缸、连杆、连接板、压转臂、限位块、支座、垫片、螺栓、基准销等。

在夹具设计中，同一零件可能有不同的结构形式，如定位销分为固定销、移动销等，其中移动销又分为旋转移动、直线移动等种类。

2）标准件。

为适应汽车改型快、研制周期短的发展要求，在进行夹具的具体结构设计时应尽可能多地采用标准件。在焊装生产线的设计中，大量标准件的使用，可极大缩短生产线的设计与制造周期。常用标准件有锁螺帽、垫圈，如图 5–35 和图 5–36 所示。

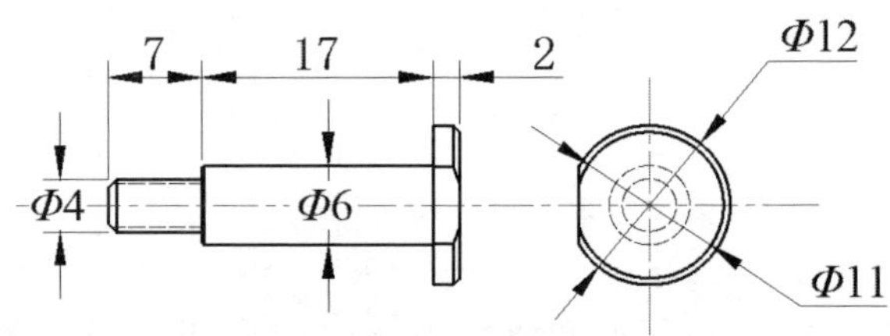

图 5–35　锁螺帽尺寸结构示意图

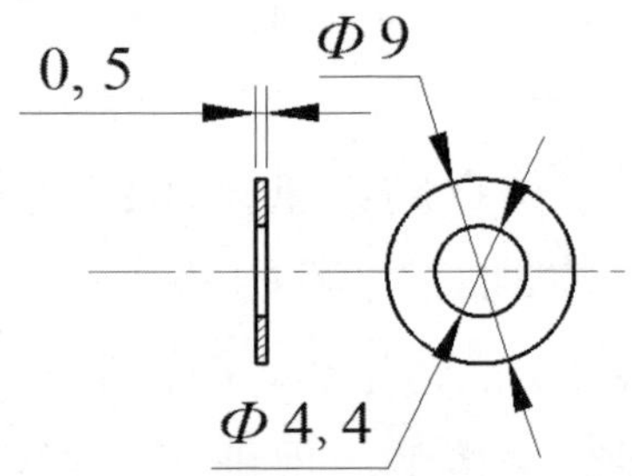

图 5–36　垫圈尺寸结构示意图

3）基板。

基板一般由槽钢与钢板焊接而成，槽钢多采用 10 号、12 号、14 号、16 号、20 号和 25b 号等，钢板厚度多采用 20mm 或 25mm。对于小夹具或滑台等，可采用 30 ～ 40mm 的钢板焊接，对于总拼接夹具以及顶盖焊装夹具，其滑台及支架可采用矩形方管与钢板焊接。基板的设计尺寸应充分考虑加工工艺性，以及吊装、运输等的方便性。对于本套夹具基板只需要加工顶底两面，宽度不得大于 2000mm，这也是能够运输的最大宽度。基板尺寸结构示意图和基板焊接结构示意图如图 5–37 和图 5–38 所示。

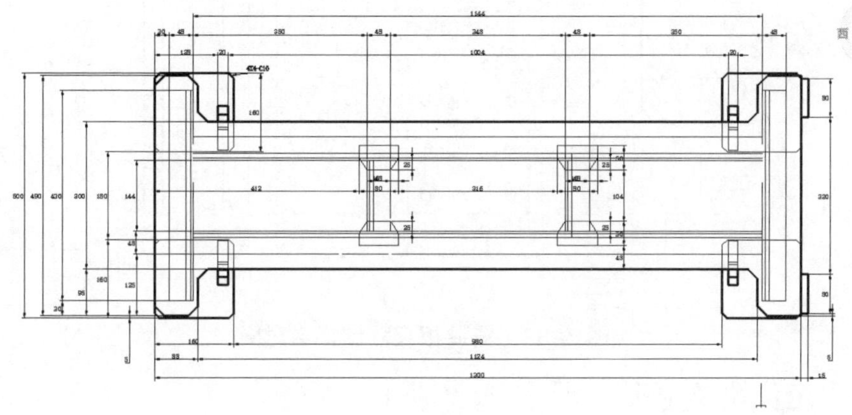

图 5–37 基板尺寸结构示意图

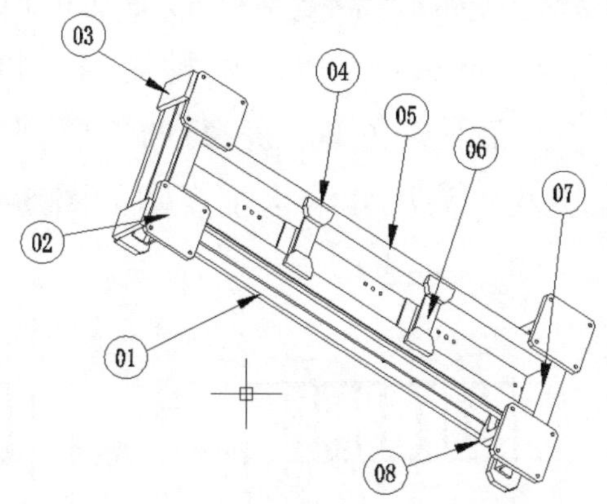

01 ～ 04- 铁板；05 ～ 07- 槽铁

图 5–38 基板焊接结构示意图

4）安装板。

安装板大部分都为非标准件，其本身并不直接定位工件，板的材料一般使用 Q235A，依据合同及技术协议其厚度分为 16mm 和 19mm 两种规格。为了方便气缸的摆动以及防止与气缸碰撞，其吊耳处应适当去除。安装板尺寸结构示意图如图 5–39 所示。

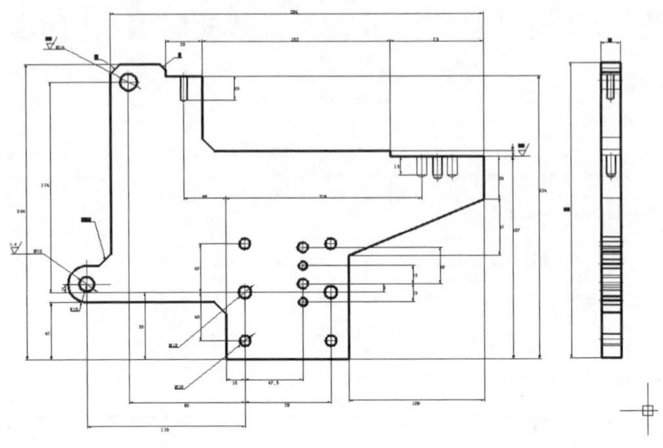

图 5-39　安装板尺寸结构示意图

5）定位块及压头。

定位块毛坯已经成为标准件，常用的高度可以划分为 50mm、70mm、90mm 三种规格（根据车身零件的不同可以调整），宽度已经形成标准，可以划分为 16mm、19mm 两种规格。材料常常采用 45 号钢，使用数控加工，表面发蓝处理。表面加工成型后，表面高频淬火 HRC38 ～ 42。定位块及压头尺寸结构示意图如图 5-40 所示。

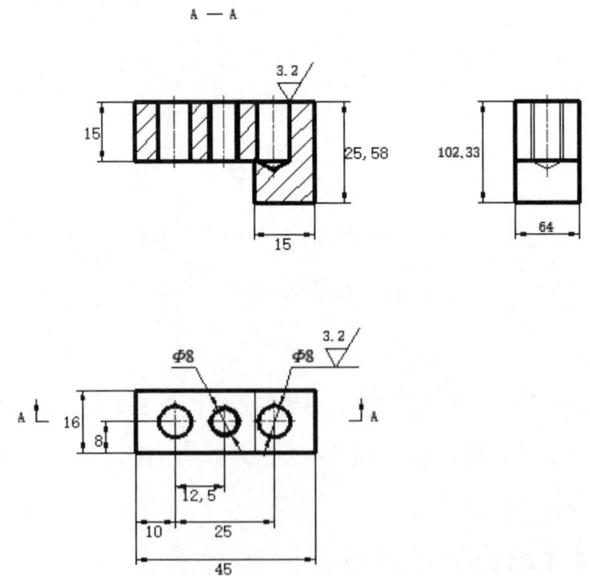

图 5-40　定位块及压头尺寸结构示意图

6）夹紧臂。

在普通夹紧单元中，夹紧臂的夹紧力不得小于 300N。当夹紧单元为双级夹紧臂时，第一级气缸直径为 63mm，第二级汽缸直径为 50mm。此外，当夹紧单元为双夹紧臂且分为支板和夹紧臂时，支板侧汽缸直径为 63mm，夹紧臂侧汽缸直径为 50mm。夹紧臂尺寸结构示意图如图 5–41 所示。

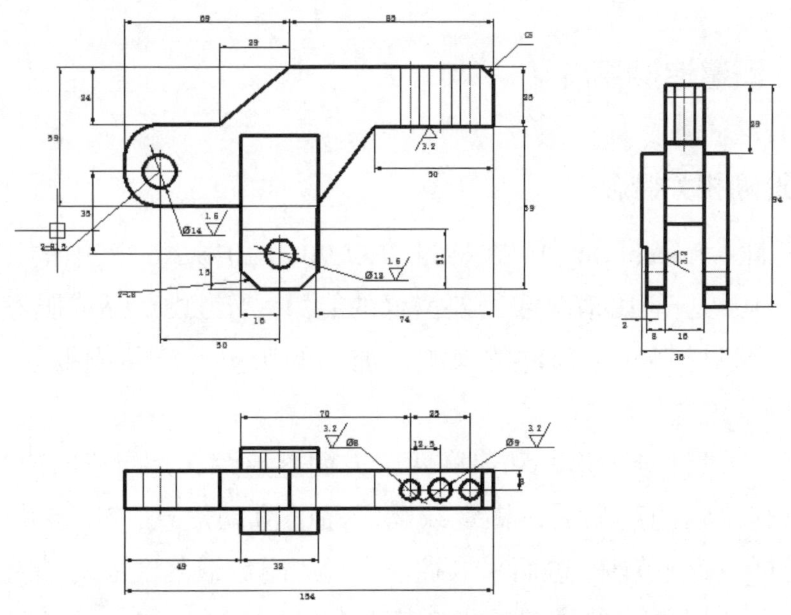

图 5–41　夹紧臂尺寸结构示意图

7）垫片。

垫片一般与定位块配合使用，因为在软件设计中所有设计都为理想状态，夹具的零件在机加工中会出现误差，安装中也会出现误差，零件在冲压过程中也会出现误差，这些误差都是不可避免的，所以在安装的过程中需要使用三坐标测量仪测试每个点的绝对坐标后，通过增减垫片调整坐标误差。垫片的加工方式一般采用多板料焊接后使用线切割。此夹具采用的是专用垫片，垫片长 60mm、宽 16mm、厚 1mm，具体如图 5–42 所示。

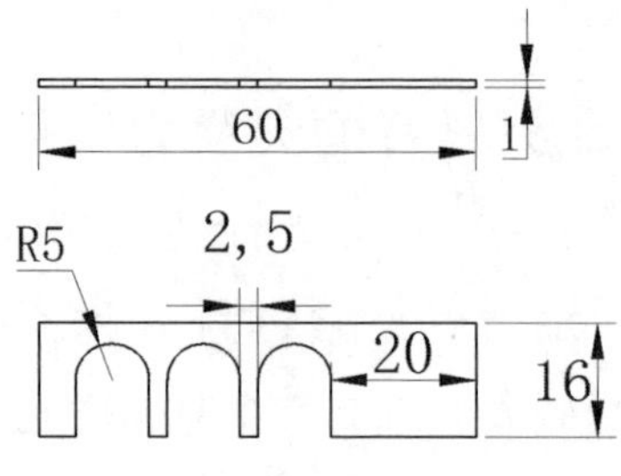

图 5-42 垫片尺寸结构示意图

5.3.2 质量追溯系统

1. 质量追溯相关概念

“可追溯性（traceability）”在标准 ISO 9000:2015,3.6.13 中的定义：指追溯客体的历史、应用情况或所处位置的能力。当考虑产品或服务时，可追溯性涉及原材料和零部件的来源、加工的历史、产品或服务交付后的分布和所处位置。

产品质量追溯性分为追踪和追溯两个方面。追踪，是指正向追踪问题，当发现有缺陷的产品后，锁定缺陷产品的流动信息，确定所有缺陷产品的流向、影响范围，进而采取控制措施，避免缺陷产品对消费者、社会造成更大的损失。追溯，是指在产品发生缺陷问题时，可以根据产品的质量追溯信息，反向溯源，找到缺陷产品的生产信息，包括生产厂家、生产线、制造日期及班次，以及与产品质量相关的设计、设备、人员等信息，以分析、确定问题发生的原因、时间段、可疑产品的范围和严重度，进而为进一步追踪提供依据。质量追溯管理不是确定问题的根本原因，而是确定问题产品的发生时间，为确定根本原因提供分析范围。同时在确定根本原因后，为锁定可疑产品影响范围提供信息支持。质量追溯的控制目的，主要是确定问题发生的时间和影响范围，而不是去追究产品生产制造过程中某个人员或某些人员的责任。对人员的追责和管理不属于质量追溯性管理研究的范围。

质量信息包括以下 3 类信息：

（1）工作质量信息。其包括各项操作指导书、技术标准、各种工艺文件；各类质量报告；5M 因素的各项管理制度、内容和工作方法；供应商的有关资料；检验与测试手段及制度等与工作质量有关的信息。

（2）工序质量信息。其包括工序及工序质量管理资料；5M 因素的定量分析资料，关键、特殊工序的能力分析资料，工序能力审核资料等与工序质量有关的信息。

（3）产品质量信息。其包括产品的国际标准、国外先进技术标准及国外近期先进事物样品的实测指标；产品的技术水平、性能、质量指标、可靠性、安全性、可维修性、耐用性等指标，在国内、国际同行业中的地位等资料；合格率、废品率、返修率等指标；成本及消耗资料；产品的技术改造规划；产品设计图纸、各种技术文件、档案、使用说明书；新产品、新工艺开发计划；新产品试制、实验、检测、鉴定、小批量及批量生产资料等与产品质量有关的信息。

对质量信息的追溯，根据追溯的精度可分为精准追溯和批量追溯；追溯方法有时间管理追溯法、批次管理追溯法、连续序列号管理追溯法。精准追溯，也叫单件追溯，指能够利用产品上的唯一性标识信息，向前追溯到生产加工该件产品时的相关过程要素状态，具体到该件产品的某些过程特性的监控值、检测值。质量信息首先精确到单件，再根据零部件的具体质量问题和质量信息，确定其他单件的质量情况，进而追溯出缺陷产品的范围。批量追溯，指在产品追溯信息上仅有生产该产品的批次信息，不具备产品的唯一性标识信息，或者在产品和质量信息的对应关系上，仅能够做到生产加工时的质量信息和一定时间内加工制造的一定数量的一组产品的对应关系，不能做到一一对应。

时间管理追溯法适用于工序简单、成本低、生产数量小及生命周期短的产品；批次管理追溯法适用于工序复杂、生命周期长、生产数量大及成本高的产品；连续序列号管理追溯法适用于用连续序列号对质量档案进行追溯。

国内对追溯性方面的研究主要是在加入世界贸易组织之后，产品的生产与流通领域在入世后发生了极为深刻的变革，各地区、各部门的产品安全追溯制度及系统建设才逐步发展起来。相关的科研机构、政府和企业积极开展了追溯技术和追溯系统的研究，但主要集中在蔬菜、水果、畜禽产品等食品行业。近年来，国内自动识别技术、传感器技术、移动通信技术、智能决策技术等不断发展，为国内追溯系统研究提供了有效的技术支撑，质量追溯管理逐渐应用到其他行业。

2. 质量追溯实践在汽车行业的应用

（1）汽车行业质量追溯。

在汽车制造领域，质量追溯管理得到了广泛的应用。国外汽车产业发展较早，规模较大，相应的汽车领域的消费者权益保护体系也比较完善。缺陷汽车召回作为汽车售后服务的重要内容，在英国、美国、日本等汽车强国已受到普遍重视，并且发展为一项严格实施的质量管理制度。在政府召回法规的约束下，国外汽车整车及零部件的追溯系统发展已比较完善，可在发生主动召回或强制召回时保护企业利益。在国内，各大汽车整车厂商也都建立了比较完善的条码质量追溯系统，用于在生产过程中对产品质量进行控制。汽车由上万个零部件组装而成，每个零部件都有一个单独的编码（零件号），即零部件的身份证信息，考虑到成本问题，所有零部件划分为精确追溯和一般追溯两大类，需要精确追溯的关键零部件都要求有条形码。各汽车生产厂商的条码规则虽然不完全一致，但整体要求类似，将条形码编码与零部件编码相结合，完整地标识零部件在生产过程中每一道工序的质量信息。条形码须包含零部件在整车厂的公司代码、零件号、生产线名称、生产班次及产品序列号等信息。条形码一般由供应商负责制作，生产完成后，供应商将条形码粘贴于零部件显眼位置。该条码一式两联，汽车生产厂作业人员在装车时，将第二联撕下贴在《随车检验卡》上，以便纸质保存。汽车厂的质量追溯系统将条形码对应的信息与其整车 VIN 号关联起来，作为整车质量追溯控制信息。一些汽车发动机生产企业，如潍柴发动机、重汽发动机、无锡柴油机、奇瑞汽车发动机等企业，在其产品上用激光打标机打印二维条形码标识，建立了以二维条形码为基础的质量追溯体系[104]。还有其他较大零部件生产企业，如赛轮轮胎，已经在轮胎中植入 RFID（Radio Frequency Identification，射频识别）电子标签，电子标签记录了轮胎全生命周期的质量追溯信息。

汽车行业的这些质量追溯控制系统，使车辆在发生质量问题时，可以根据条码标识、二维条码或 RFID 标签追溯查找到相关零部件的信息，包括人、机、料、法、环、测、物流等相关质量要素的状态，以及该产品生产过程所涉及的有关材料、设备、工艺和生产员工等全部信息。根据这些追溯信息，确定所有可能存在质量问题的产品范围及其流向，锁定安装车辆及最终销售信息。整车厂商还会根据分析出的根本原因及相关的质量信息记录，计算召回风险指数（Recall Risk Index，RRI），进而决定是否需要采取召回行动等措施。

（2）汽车行业质量追溯系统常用技术。

质量追溯系统，主要包含追溯对象个体标识、中心数据库和信息传递系统以及追溯对象个体流动登记等基本要素。个体标识，按追溯精度的要求，制定不同的个体标识规则；中心数据库的建立基于数据库技术；追溯系统信息的传递和收集，一般是基于条形码和 RFID 的信息技术及数据采集；条形码或 RFID 标签，对产品在生产及物流等过程中的信息进行标识和记录，跟踪产品在其生命周期中流动的全过程，收集产品在各个环节的质量信息数据，实现产品生产全过程和物流全过程的信息化管理。

条形码有一维条形码和二维条形码。一维条形码是由一组黑条和白条组成的图形标识符，如图 5–43 所示。条形码上黑条的宽度不等，按照一定的顺序排列成平行线图案，由于黑条和白条的反射率相差很大，当有光照射时就会形成相应组合的反射光，光感应器接收后再进行识别和编译，最终形成字符串。

图 5–43　一维条形码

二维条形码是对一维条形码的扩展，与一维条形码的原理相同，也是用黑白相间的几何图形来表示特定的字符，如图 5–44 所示，但是二维条形码有更多的字符编码，可包含比一维条形码多很多的信息量。国外对二维条形码技术的研究始于 20 世纪 80 年代末，研制出多种码制，常见的有 PDF417、QR Code、Code 49、Code 16K、Code One 等。中国对二维条形码技术的研究开始于 1993 年，在研究国外相关技术资料的基础上制定了两个二维条形码的国家标准:《二维条码 网格矩阵码》（SJ/T 11349—2006）和《二维条码 紧密矩阵码》（SJ/T 11350—2006），从而大大促进了中国具有自主知识产权技术的二维条形码的研发。

图 5–44 二维条形码示例（非真实可扫，仅用于示例）

二维条形码与一维条形码的编码有很多相似之处：不同的码制对应不同的字符集，每个字符对应一定宽度的黑白块组成的几何图形，并且在编码中也具有校验位等，但二维条形码相对于一维条形码，具有数据存储量大、编码范围广、容错能力强、保密防伪性好、条码符号形状和尺寸大小比例可变等特点，且使用简单、成本低廉、功能强大，能够更好地与智能手机等移动终端相结合，形成了更好的互动性和用户体验[105]。随着智能手机和移动应用技术的飞速发展，二维条形码的应用也越来越广泛、越来越深入。

RFID 电子标签是一种非接触式的自动识别技术，它通过射频信号来识别目标对象并获取相关数据。RFID 的基本工作原理并不复杂，系统由标签、读写器、数据传输和处理系统组成。RFID 内部是带有天线的芯片，芯片中存储着被识别目标的信息，如图 5–45 所示。当电子标签进入解读器发出的磁场后，就会接收解读器发出的射频信号，凭借感应电流所获得的能量发送存储在芯片中的产品信息（Passive Tag，无源标签或被动标签），或者主动发送某一频率的信号（Active Tag，有源标签或主动标签）。解读器读取信息并解码后，送至系统的信息处理中心进行有关数据处理。

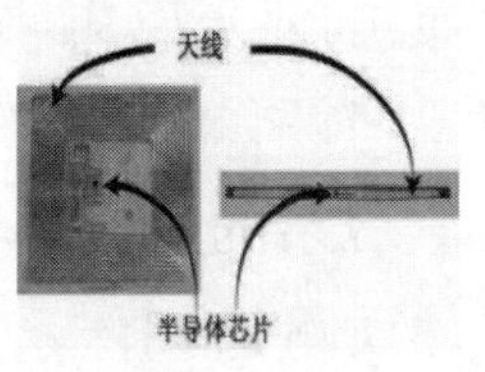

图 5–45　RFID 电子标签

无线射频技术与条形码技术的比较：条形码的优势是成本低廉、使用简单，打印条形码的材质、设备非常容易获取；使用时将条形码打印到标签纸上，粘贴到产品表面即可；识别时通过手持扫描设备轻轻一扫即可快速读取条形码信息。条形码的缺点是信息量小，一般只是产品的一个标识码，单独查看，看不到产品的任何信息。无线射频技术的优势在于不需光线就可以读取标签，且具有持久、防水、防磁、耐高温、使用寿命长、信息接收传播穿透性强、读取距离长等特性；信息容量是条形码的数十倍，且标签上的数据可以加密存储；相对于条形码的一次性使用，RFID 标签可以反复擦写，更改自如；RFID 标签可以进行高速移动读取，并可同时识别多个电子标签，条形码的读取有速度限制。

伴随信息采集技术的进步，各汽车厂家、零部件供应商也已建立、更新其质量追溯系统。如郑州日产汽车公司采用 VIPS（Very Important Parts System，重保零件管理系统）对零部件批次号和与其对应的整车 VIN 号进行信息录入，缩小了追溯范围，提高了追溯精准度；万向集团通过将二维条形码作为信息载体、托盘 RFID 标签作为临时唯一码，建立了总成二维条形码与零部件二维条形码、装配参数的关联关系，实现了其制动器总成的质量正反向追溯 [106]；佛吉亚公司采取基于 ERP 系统的 B/S 体系结构模式，通过条码识别和电子标签两种检测结合的方式，建立其质量追溯系统并成功运行上线 [107]。

汽车零部件标识常见的实现方式有：模具铸造、电腐蚀标记、贴不干胶、丝网印刷、气动标记和激光标记。其中，激光标记技术是一种快速的、可编程的、非接触的工艺，工艺持久，不受生产过程中操作步骤的影响，也不受恶劣现场环境的影响，已受到广泛的关注。

当前我国各省市的汽车行业零部件追溯体系的编码均有不同，各汽车厂家均有自己的编码方式，造成质量追溯系统开发投入高、开发周期长，导致汽车零部件企业压力较大。纷杂的追溯体系、各不相同的供应链环节，也使得现有的汽车零部件质量追溯体系只能在小范围内使用，无法实现跨区、跨环节、跨产品的数据共享。一方面造成时间和资源的浪费，另一方面也加重了质量监督部门工作的负担，使得产品质量监督管理及问题产品召回等工作开展困难。针对这一问题，长春市标准研究院开展了基于 GS1 编码的汽车零部件质量追溯系统研究，建设了集产品标准、检测认证、质量追溯为一体的汽车零部件质量管理平台[108]。该平台可使企业拥有一套全球跨行业的产品、运输单元、资产、位置和服务的标识标准体系和信息交换标准体系，使产品在全世界都能够被扫描和识读。基于 GS1 的汽车零部件统一编码与标识研究，为汽车零部件产品的信息化、标准化和可追溯管理提供了有效的技术发展思路。

5.3.3 三坐标测量机

1. 三坐标测量机概述

三坐标测量是指在一个正方体的空间范围内，可以显示几何、长度和圆周分度的仪器。三坐标测量机可以定义为“一台可以三个方向运动的测量仪器，可以在 X、Y、Z 三个垂直方向上运动，检测器通过接触或非接触式的信号传输，由三个轴测量系统的移动，采集数据经过处理器计算出零件的点的坐标（X、Y、Z）和拟合几何形状”[109]。三坐标测量机的测量功能包括位置精度、几何精度、形状精度和尺寸等。

三坐标测量机按照结构的不同可以分为悬臂式、桥式、关节臂式、龙门式等三坐标测量机。桥式三坐标测量机是小型测量机中常见的类型，又可以分为固定式三坐标测量机和移动式三坐标测量机。本书主要以桥式三坐标测量机来讲解说明。

2. 三坐标测量机的构造

三坐标测量机主要由电气系统、测座系统和主机系统三部分组成。主机结构如图 5–46 所示。

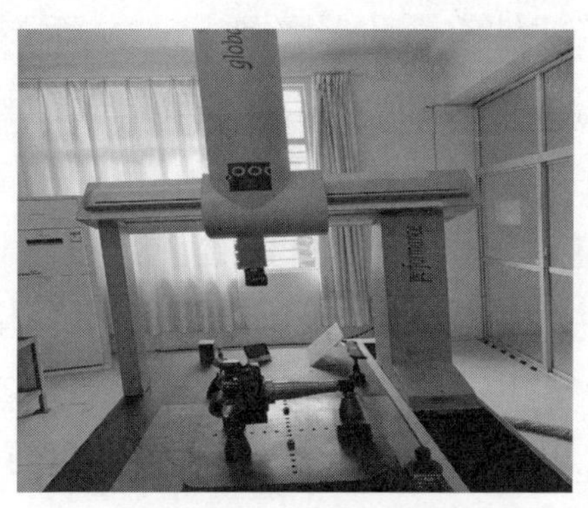

图 5–46　主机结构图

主机主要由支撑架、标尺系统、导轨、驱动装置、工作台及附件组成。

三坐标测量机的测座系统属于测量传感器，由电气测座、信号传感器和测针组成。

三坐标测量机的电气系统是测量机的重要组成部分，能够单独或多轴联动控制、拓展设备控制、通信控制、保护逻辑控制等。

主机系统包括计算机和测量软件。三坐标测量机一般用专门的计算机控制。测量机软件主要有控制和数据处理软件，利用软件进行测头校验和测头方向的转换，既可以用来测量基本的几何元素及其相互的关系，还可以进行形位工差的测量。

3. 三坐标测量机的测量原理

三坐标测量机测量工件时，测针会遇到各种不同的形状，但是任何形状都是由空间的点组合而成的，都可以归于空间点的测量，因此精确的空间点的采集是任何几何外形评估的基础。三坐标测量机的测量原理是测量空间允许范围内的零件，在工件表面点的位置测出空间坐标的数值，将点的坐标值通过计算机进行数据计算，拟合成几何元素，如球形、圆形、平面、曲面、圆柱形、圆锥形等。然后通过测量软件得出形状公差、位置公差和其他几何数据[110]。

4. 三坐标测量机在汽车零部件中的应用

三坐标测量机在汽车生产过程中不可或缺。高质量的产品根本上是在生产过程中实现的，而不是依靠检验来保证的。生产制造的质量目标是保证生产的零部件符合设计的要求，从而不断地提高产品质量。对于大批量生产汽车零部件的企业特别要重视过程的控制，准确地测量零部件的尺寸是过程控制的核心。

（1）三坐标测量机对汽车零部件的检测。三坐标测量机的检测精度足以满足汽车零部件的检测要求，因此选择用三坐标测量机对生产线上的产品进行监控，可以保证生产出来的零部件符合要求。汽车零部件的生产离不开三坐标测量机的监控与反馈，其功能非常强大，可以检测位置关系、同轴度、同心度、垂直度、平等度等。

（2）三坐标测量机对工装夹具及专用检具的检测。工装夹具的作用是将工件定位，让工件获得相对机床和刀具的正确位置。工装夹具是机床上用于装夹工件和引导刀具的一种装置。其特点是结构紧凑，操作迅速、方便、省力，可以保证较高的加工精度和生产效率。由于其加工精度高，一般的检测手段根本不能满足其精度的要求，必须用三坐标测量机才能检查其各位置的精度。

5.3.4 数控机床

1. 数控机床简介

数控机床是数字控制机床的简称，是一种装有程序控制系统的自动化机床。其工作原理为用实际的数学数值和数学符号构成排列的数值信息来控制机床的运转。它可以根据设定好的程序，指挥机床运动并加工零件。因此，数控机床也可以称为 NC（Numerical Control）机床。它是由加工程序载体、数控装置、伺服驱动装置、机床主体和其他辅助装置等组成，涉及机械、自动化、计算机、测量、微电子等多个领域的最新技术。该控制系统能够处理具有控制编码或其他符号指令规定的程序，并将其译码，用代码化的数字表示，通过信息载体输入数控装置。经运算处理由数控装置发出各种控制信号，控制机床的动作，按图纸要求的形状和尺寸，自动地加工零件。

与普通非自动化运转机床靠工人操作手柄进行加工不同，数控机床的机械运动是由加工指令信息来进行自动控制的而非人工制动。它可利用 3 轴、4 轴甚至 5 轴以上同时控制，相对于普通机床，数控机床因精确的数据掌控，精密度更高。而且数控机床省时省力，不需要工人随时协助，在加工的同时就可以进行装夹、调整、编程等工作，提高了工作效率。

数控机床较好地解决了复杂、精密、小批量、多品种的零件加工问题，是一种柔性的、高效能的自动化机床，代表了现代机床控制技术的发展方向，是一种典型的机电一体化产品。

按工艺用途，数控机床分为数控车床、数控铣床、数控磨床等几个种类的机床。数控车床是在普通车床的基础上发展起来的，通过加装计算机进行运算，用计算的结果通过驱动器带动伺服电机进行传动，从而实现相应的运动。数控车床是使用最为广泛的机床，其使用量占到了数控机床使用量的 25%。数控车床是将机械、电气、液压、气动、微电子和信息等进行融合而得到的一项工业方面的杰作，可以用来制作高精度的工件[111]。现如今，使用数控车床进行加工代表着一个国家机械加工的水平，经过多年的发展，数控车床由原来的普通卧式车床发展到数控卧式车床、数控立式车床、车铣加工中心等，数控车床在我国的保有量要远远高于其他的数控设备，在整个数控机床中占有很高的地位。近年来，通过发展通用的数控语言，实现了数控设备编程的通用化，不同厂家不同系统的编程语言有高度相似的地方，从而为编程带来了方便。数控车床具有广泛的加工性能，可加工直线圆柱、斜线圆柱、圆弧和各种螺纹，同时具有直线插补、圆弧插补等各种补偿功能，在批量零件的制造过程中相较于原来的普通机床有着巨大的优势。数控车床通过计算机来识别输入的语言，通过计算机计算需要移动的位置，而后将这些数据输送给相应的执行机构来完成对设备的运动轨迹和外设的操作时序逻辑控制功能的控制。经过多年的发展，用户能够像操作电脑一样方便地实现输入操作指令的存储、处理、运算、逻辑判断等各种控制机能的执行。传统的车床是通过手动摇动来使刀具完成切削作业，数控车床则是通过驱动器驱动电机带动滚珠丝杠来传递运动，通过电机的编码器或光栅尺来定位移动的距离，无需像以前一样使用卡尺来测量工件的精度。数控车床是将计算机技术、电气技术、机械技术、液压技术融合到一起开发出来的，系统结构复杂，功能众多，效率高，在完成大批量的工件加工中具有很大的优势，代表着机械加工领域发展的方向。

数控铣床分三坐标和多坐标两种。三坐标机床（X、Y、Z）任意两轴都可以联动，主要用于加工平面曲线的轮廓和开敞曲面的行切。多坐标机床是在三坐标机床的基础上，通过增加数控分度头或回转工作台，成为四坐标或者五坐标机床（甚至更多坐标机床）。多坐标机床主要用于曲面轮廓或必须摆角加工的零件，如法向钻孔、摆角行切等。

2. 数控机床的构成

广义上讲，数控机床可以分为硬件部分和软件部分。而具体到机床本身的技术参数和结构，可以进一步细化为以下几个方面。

（1）机床主体结构。

1）床身与立柱。这是机床的基础框架，承载着整个机床的重量，并保证了机床的刚性和稳定性。

2）工作台。这是机床上进行加工操作的主要平台，用于安装和固定工件。工作台可以沿着 X 轴、Y 轴（有时还有 Z 轴）方向移动，以实现工件的精确定位和加工。

3）主轴箱与主轴。主轴箱是安装主轴的部件，主轴通过旋转来带动刀具或工件进行切削加工。主轴的转速、功率等参数直接影响加工效率和精度。

4）进给机构。其包括各轴（X、Y、Z 轴等）的伺服电机、滚珠丝杠、导轨等部件，用于实现工作台和刀具的精确进给运动。

（2）机床技术参数。

1）尺寸参数。如机床的工作台尺寸、行程范围等，决定了机床能够加工工件的最大尺寸和范围。

2）精度参数。其包括定位精度、重复定位精度、直线度、平面度等，反映了机床在加工过程中的精度控制能力。

3）性能参数。如主轴转速范围、最大进给速度、最大切削力等，决定了机床的加工能力和效率。

4）控制系统参数。其主要涉及数控系统的硬件配置、软件功能、编程能力等，是机床智能化、自动化水平的重要体现。

3. 数控机床的工作系统及特点

数控机床工作时，不需要工人直接操作机床，要对数控机床进行控制，必须编制加工程序，将零件加工程序用一定的格式和代码，存储在程序载体上，通过数控机床的输入装置，将程序信息输入计算机数控（Computer Numerical Control，CNC）单元。这种 CNC 装置一般使用多个微处理器，以程序化的软件形式实现数控功能，因此又称软件数控（Software Numerical Control）。数控装置是数控机床的核心。现代数控装置均采用 CNC 形式，CNC 系统是一种位置控制系统，它是根据输入数据插补出理想的运动轨迹，然后输出到执行部件加工出所需要的零件。伺服系统是数控机床的重要组成部分，用于实现数控机床的进给伺服控制和主轴伺服控制。伺服系统的作用是接收来自数控装置的指令信息，经功率放大、整形处理后，转换成机床执行部件的直线位移或角位移运动。由于伺服系统是实现数控机床精确控制的关键部分，其性能将直接影响数控机床的精度和速度等技术指标，因此，数控机床的伺服驱动装置，要具有良好的快速反应性能，准确而灵敏地跟踪数控装置发出的数字指令信号，能够忠实地执行来自数控装置的指令，提高系统的动态跟随特性和静态跟踪精度。

数控机床的操作和监控全部在数控单元中完成，它是数控机床的大脑。

与普通机床相比，数控机床有如下特点。

（1）加工精度高。数控机床的加工精度，一般可达到0.005～0.1mm，数控机床是由数字信号控制的，数控装置每输出一个脉冲信号，机床移动部件就移动一个脉冲当量（一般为0.001mm），而且机床进给传动链的反向间隙与丝杠螺距平均误差可由数控装置进行补偿，因此，数控机床的定位精度比较高。

（2）加工质量稳定、可靠。加工同一批零件，在同一机床和相同加工条件下，使用相同刀具和加工程序，刀具的走刀轨迹完全相同，零件的一致性好，质量稳定。

（3）生产率高。数控机床可有效地减少零件的加工时间和辅助时间，数控机床的主轴转速和进给量的范围大，允许机床进行大切削量的强力切削，数控机床移动部件的快速移动、定位和高速切削加工，减少了半成品的工序间周转时间，提高了生产效率。

（4）具有高度柔性。工件表面精度主要取决于加工程序，数控机床与普通机床不同，不必制造、更换许多工具、夹具，不需要经常调整机床。因此，数控机床适用于零件频繁更换的场合，也就是适合单件、小批生产及新产品的开发，缩短了生产准备周期，节省了工艺设备的费用。

（5）改善劳动条件。在加工前将数控机床调整好，输入程序并启动，机床就能自动连续地进行加工，直至加工结束。操作者的工作主要是程序的输入、编辑、装卸零件、准备刀具、观测加工状态、检验零件等，劳动强度极大降低，机床操作者的工作趋于智力型工作。另外，机床一般是封闭式加工，既干净，又安全。

（6）利于生产管理现代化。利用数控机床进行加工，可预先精确估计加工时间，所使用的刀具、夹具可进行规范化、现代化管理。

4.数控车削加工

车削加工是切削加工中最基本的一种加工方法，它是在车床上利用工件的旋转运动和刀具的移动来加工工件，车削加工是机械加工中运用最广泛的加工方法。

数控车削加工，也称为计算机数控（CNC）车削加工，是一种高精度且高效的加工工艺。其主要用于加工轴类、盘状类等回转体零件，通过执行数控程序，可以自动完成外圆柱面、成形表面、螺纹、端面等工序的切削加工，并能进行车操、钻孔、扩孔、铰孔等工作。根据数控加工的特点，数控车床最适合切削具有以下要求和特点的回转体零件：精度要求高的回转体零件；表面形状复杂或难以控制尺寸的回转体零件；表面粗糙度要求高的回转体零件；带特殊螺纹的回转体零件。

5.3.5　磁粉探伤机

1. 磁粉探伤机简介

磁粉探伤机是一种非破坏性检测设备，通常用于检测材料表面、近表面和外表面下的缺陷，如裂纹、孔洞、裂痕、变形等，以便及时进行维修。磁粉探伤机有多种型号和配置，可以根据不同的应用场景和需要进行选择。比较常用的荧光磁粉探伤机如图 5–47 所示。

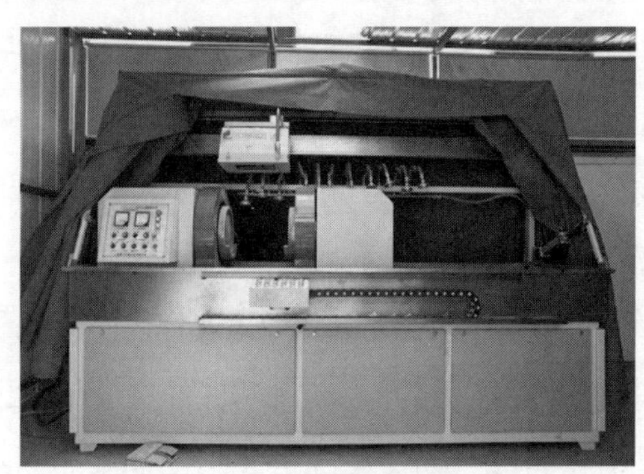

图 5–47　荧光磁粉探伤机

磁粉探伤机的结构通常由以下部分组成。

（1）磁场发生器。磁场发生器是磁粉探伤机中的重要部分。它可以产生磁场，用于检测被测物的表面和近表面的裂纹和缺陷。磁场发生器通常由一个电磁铁或一组永磁体组成。

（2）磁粉喷洒系统。磁粉喷洒系统通常由磁粉存储罐、磁粉调节器、磁粉喷枪等组成。通过磁粉喷枪将磁粉喷洒在被测物表面，磁粉会吸附在缺陷上形成磁粉团。

（3）照明系统。进行磁粉探伤检测时光线条件非常重要，以确保观察时能够清晰地看到磁粉团的位置和数量。因此，磁粉探伤机通常配备了照明系统，以便操作者在检测过程中得到必要的照明支持。

（4）检测仪器。磁粉探伤检测过程需要检测仪器来判断被测物表面存在的磁粉团的数量和位置。检测时可以使用涡流检测、磁粉检测、放射性检测等，以帮助检测被测物表面的裂纹和缺陷。

（5）操作平台。磁粉探伤机通常需要将被测物固定在操作平台上，以保持被测物的稳定。操作平台还可以提供必要的移动平台、旋转机构、倾斜机构等操作机制，以帮助控制被测物的位置、方向和角度。

2. 磁粉探伤机工作原理

磁粉探伤机的工作原理基于电磁感应原理的作用。在磁场的作用下，带有磁性粉末的涂层会聚集在磁场线圈下面的缺陷中，形成磁粉团，并使其可见。当怀疑材料表面产生裂纹时，可以在相应位置涂上磁粉，然后通过磁场和光源检测设备，查看磁粉聚集的情况，并判断材料表面是否存在缺陷。

3. 磁粉探伤机在汽车行业的应用

磁粉探伤机在汽车行业主要有如下应用。

（1）发动机零部件检测。磁粉探伤机被广泛应用于汽车发动机零部件的缺陷检测，例如曲轴、连杆、凸轮轴等关键零部件。通过对这些零部件进行磁粉探伤检测，可以及时发现并排除表面和近表面的裂纹、裂纹扩展和其他缺陷，确保发动机的工作安全和可靠性。

（2）变速器和传动系统。磁粉探伤机也被广泛应用于汽车变速器和传动系统的检测。这些部件承受了巨大的转动和负载压力，容易出现缺陷。通过磁粉探伤检测，可以及时发现并解决齿轮、轴承和其他关键组件的裂纹、疲劳裂纹和异物等问题。

（3）车身结构检测。磁粉探伤机在汽车制造过程中也可以应用于车身结构的缺陷检测。例如，对于车身焊接点，可以使用磁粉探伤机来检测焊接接头的质量和完整性，以消除焊接缺陷和潜在的结构安全隐患。

（4）制动系统。制动系统在汽车安全性方面起着至关重要的作用。磁粉探伤机可用于检测制动盘、制动鼓和制动零件等关键部件的缺陷，例如裂纹、疲劳缺陷和其他损伤。这有助于确保制动系统的性能和可靠性，提高行驶安全性。

（5）车轮和轮轴。磁粉探伤机还可以用于汽车轮胎、轮轴和车轮的缺陷检测。对于轮轴来说，通过磁粉探伤可以及早发现裂纹、倾斜和其他损伤，降低事故风险。对车轮来说，磁粉探伤可以检测轮毂和轮辋的质量，以确保轮胎和轮毂的安全和可靠性。

总体而言，磁粉探伤机在汽车行业的应用是为了保证汽车零部件及其结构的完整性和可靠性，提高汽车的安全性能。通过检测和排除缺陷，可以及时发现潜在的问题，降低事故风险，并提高车辆的寿命和性能。因此，磁粉探伤技术在汽车行业中不可或缺。

5.3.6　机械臂

1. 机械臂相关概述

机械臂是一种可编程的、能够自主执行各种工作的机械设备，通常具有一定的自由度和拓扑结构，形态和属性可根据不同的应用需求进行调整。因此，机械臂特别适用于在制造、装配、喷漆、拆卸、称重等领域执行烦琐或危险的任务，能提高工作效率和生产质量，同时避免人员受到伤害。机械臂通常由多个部件组成，包括基座、关节、执行器、传感器、末端执行器等，以帮助机械臂实现复杂的动作和控制。

机械臂的基座是机械臂的支撑结构，通常固定在工作场所的地面或机械平台上。基座有助于保持机械臂的稳定性和刚性，以及提供连接其他关节的支撑点。机械臂的关节是机械臂的可动连接部分，使机械臂能够在空间中实现各种运动。关节通常由电动机、减速器、编码器等组件组成，用于控制和驱动机械臂的运动，例如旋转、弯曲、伸缩等。机械臂通常采用链条或杆件来连接各个关节，形成机械臂的动力传输链。链条或杆件的长度和形状可以根据机械臂的需求进行调整，以实现所需的工作范围和运动自由度。机械臂的执行器负责将能量转化为机械运动，推动机械臂完成所需的任务。执行器可以是电动机、液压马达、气动马达或其他类型的动力装置，可根据应用需求选择适当的执行器。机械臂通常配备各种传感器，用于检测环境、定位和姿态反馈，以及实现对机械臂的精确控制。传感器包括位置传感器、力传感器、视觉传感器、触觉传感器等。机械臂的控制系统负责控制和监控机械臂的运动和操作。控制系统通常由硬件和软件组成，包括控制器、编程设备、运动规划算法等。通过控制系统，可以对机械臂进行编程、调整参数和监测运行状态。机械臂的末端执行器是机械臂最后一个部分，用于完成具体的任务。末端执行器根据应用需求可以是夹具、吸盘、焊枪、喷枪、工具或其他工作设备。

2. 机械臂的工作原理

机械臂是一种能够在多个维度上移动和执行任务的机器人。通过控制关节的运动可以改变机械臂的姿态和方向。机械臂的每个关节和执行器都与电脑控制器连接，通过编程控制其动作，运动控制系统可以通过传感器获取机械臂的位置和姿态反馈信息，从而实现高精度的运动控制。机械臂的末端装有末端执行器，它负责最终的操作任务。末端执行器的选用取决于所需的应用，可以选用机械夹持装置、工作工具、激光切割装置、喷漆装置等。在进行末端控制时，必须考虑到机械臂末端的重量和惯性，以确保其稳定性和准确性。传感器是实现机械臂控制的重要设备之一，机械臂通常配备各种传感器，如位置传感器、视觉传感器和力传感器等，以获取机械臂的姿态、位置和负载等信息。传感器反馈准确信息使控制器可以调整机械臂的动作并能及时检测到异常情况。机械臂的控制算法通常分为位置控制和力控制，位置控制通过精确控制机械臂关节的运动，使其最终达到期望的位置和方向，力控制则通过反馈传感器来控制末端执行器施加的力度。这些算法能够被预先编程，并通过计算机控制器实时调整参数，以适应不同情况下的控制需求。

总之，机械臂的工作原理是通过计算机控制器控制机械臂关节和末端执行器的运动，同时借助反馈传感器调整机械臂的姿态和负载。这种高度精细的控制能够使机械臂完成各种复杂的任务，如装配、搬运、喷漆等。

3. 机械臂的优点

机械臂具有许多优点，使其在工业和其他领域得到广泛的应用。

第一，高精度和重复性。机械臂能够以极高的精度和重复性执行任务。机械臂的运动可以通过编程精确控制，从而实现精确的位置和方向控制，减少误差和变形。机械臂可以无需休息并每次都保持相同的运动质量，从而提高生产质量和一致性。

第二，强大的负载能力。机械臂通常具有强大的负载能力，能够承受重物的搬运和操作。这使得机械臂成为许多重型工作场景的理想选择，如汽车制造、物流、航空航天等。

第三，灵活性和多功能性。机械臂具有多自由度和可编程性，可以适应不同的任务需求。通过改变编程和姿态，机械臂可以在不同的工作场景中完成多种任务，如搬运、装配、喷涂、焊接等。机械臂可以应对不同形状和尺寸的物体，同时能够在狭小或复杂环境中操作。

第四，安全性。机械臂能够在危险、有害或不适合人工干预的环境中工作，保护操作员的安全。机械臂能够处理高温、高压、有毒气体或其他危险物质，避免了人员可能面临的危险和健康风险。

第五，提高生产效率。机械臂能够提高生产效率和生产速度。机械臂可以在连续不断的运行中保持高质量和高速度的操作，不受疲劳和时间限制。机械臂的快速反应和准确性可以大幅提高生产线的产能和效率。

第六，灵敏度和精确度，机械臂可以配备各种传感器和视觉系统，以实时感知和检测周围环境、物体和位置。这使得机械臂能够适应不同的工作条件，自动调整和纠正动作，达到更高的灵敏度和精确度。

4. 机械臂在转向节产业的应用

机械臂在转向节产业的应用比较广泛，具体如下。

（1）装配和组装。机械臂可用于转向节的装配和组装过程。通过编程和精确控制，机械臂可以将各个零件准确地组合在一起，确保装配的精度和一致性。这种自动装配能够大幅提高生产效率和产品质量。

（2）搬运和送料。机械臂可以在生产线上自动搬运转向节的零部件和成品。机械臂可以从储料区域或供应链中获取零部件，并将它们准确地送到装配线的适当位置。这种自动化的搬运和送料不仅提高了效率，还减少了人力成本和物料损失。

（3）制图和检测。机械臂可以配备高精度的传感器和视觉系统，用于制图和检测转向节的尺寸、形状和表面质量。机械臂可以自动执行测量和检查任务，将数据反馈给控制系统进行分析和判断。这有助于确保转向节的质量符合要求。

（4）焊接和热处理。机械臂在转向节生产中还可以用于焊接和热处理的工艺。机械臂可以精确地控制焊接枪或加热工具的移动和动作，确保焊接点的均匀性和强度。这种自动化的焊接和热处理过程可以提高生产效率和质量，并降低人工操作的风险。

（5）包装。机械臂可以在转向节生产的最后阶段进行自动化的包装。机械臂可以将成品转向节从装配线上取下，并将它们装入适合的包装箱或容器中。这种自动化的包装过程能够提高速度和准确性，并确保产品的安全运输和储存。

5.4 三环锻造智能产线布局

5.4.1 三环锻造质量追溯系统

制造执行系统（Manufacturing Execution System，MES）是一套对生产现场综合管理的集成系统。MES 用集成的思想代替原来的设备管理、质量管理、生产排程、分布式数控（Distributed Numerical Control，DNC）、数据采集软件等车间需要使用的孤立软件系统。MES 涉及车间现场管理的人、机、料、法、环、测、能（5M2E），从生产排产、生产计划执行、生产工艺指导、生产过程追溯、车间现场数据采集、生产物料供应、设备管控、生产质量管控、在制品管理、生产绩效分析等多个维度对生产现场进行集成管理。制造企业应用 MES 的核心价值在于实现生产现场的透明化，实现生产过程的全程追溯，提升产品的按期交付率，提高设备和人员的绩效，提高生产质量。

MES 是工业 4.0 实现纵向集成的枢纽，也是智能工厂建设的核心系统，如图 5-48 所示。

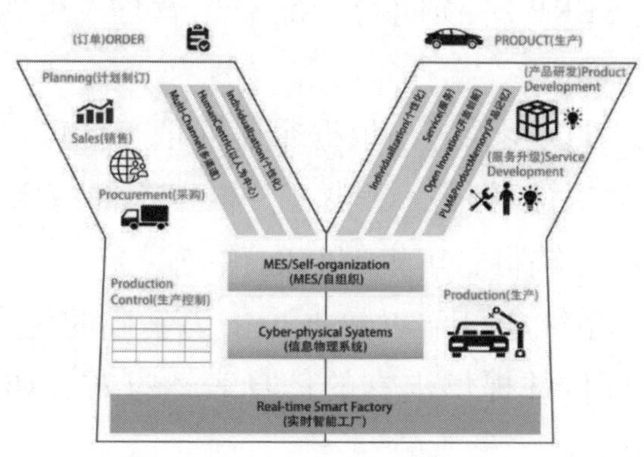

图 5-48　MES 系统

5.4.2　三环锻造 MES 系统特性

（1）信息中枢。MES 通过双向通信，提供横跨企业完整供应链的有关车间生产活动的信息。

（2）实时性高。MES 是制造执行系统，可以实时收集生产过程中的数据和信息，并做出相应的分析处理和快速响应。

（3）个性化强。由于不同行业甚至同一行业的不同企业生产管理模式不尽相同，因此实施的 MES 差异明显。

（4）定制化开发。由于不同行业、不同企业对 MES 需求的个性化差异，导致 MES 在实施时，需要定制化开发。

（5）多系统、软硬件综合集成。MES 系统上承接 ERP 生产计划，下连接工业控制系统，大量使用物联网技术采集信息，呈现出多系统、软硬件一体化集成运行的特点。

5.4.3 三环锻造 MES 系统基本性能需求

一套 MES 系统应该具有集成性、灵活性、可视性、实时性、可扩展性和可靠性等基础要求，具体要求如下。

（1）集成性。系统应具有良好的集成性能，不仅可实现系统内部各功能模块的集成，并可供外部系统集成，包括向下与底层控制系统集成，向上与业务管理（ERP），横向与产品数据管理（PDM）、供应链管理（SCM）等集成。

（2）灵活性。可以在系统内根据企业的生产特点，灵活设置生产工作流程，自动激活对应的程序模块，并根据不同权限驱动消息机制和预警机制（如备料、缺料、审批超时的预警等）。

（3）可视性。系统应具备以数据采集为基础的生产、消耗、质量、设备等信息统计分析并提供丰富的信息表达方式，如视图、图形、报警显示、消息提醒等。

（4）实时性。系统应具备良好的实时响应的功能。系统要利用实时数据实现生产过程、产品质量的在线监控，提高快速反应能力，促进生产管理由被动指挥型向以预防为主、在线监控的主动实时指挥型管理体系发展。

（5）可扩展性。系统应具有良好的开放性和可扩展性，在解决企业当前生产管理问题的同时，考虑企业未来发展所需要进行的功能扩展，以符合企业长期发展的需要。同时提供可柔性组合定制的用户界面、业务模块，以及简易的二次开发功能，以满足企业自身的个性化应用。

（6）可靠性。系统应具有较高的安全意识和安全保障，以应对黑客入侵、木马潜伏等安全威胁，避免由此造成的系统难痪、生产数据丢失和生产线停产等。

5.4.4 三环锻造 MES 系统功能

1.MES 系统配置数据

配置数据是 MES 功能实现的基础，包括以下内容。

（1）企业的组织结构。其可包含一个或者多个工厂，工厂细化为不同的部门组织，组织是拥有不同工作职能的业务实体。

（2）人员及角色。人员是生产制造过程中重要的基础性单元。根据角色规划不同的系统权限，根据参数设定区分人员的角色和能力，根据信息制订完善的人员分配和调度计划。

（3）设备资源。根据实际生产情况及业务流程，规划每一个工作中心的设备资源分配，包括产量、生产节奏、维修计划、状态监控规则、故障诊断机制、设备数据采集与分析方法等。

（4）工作流和操作规范。根据业务实际对产品生产的流程进行定义，即用制造产品的步骤顺序作为一个标准化的指导，并根据工作流中的每一个工作中心或者工作站的工序标准和要求制定统一化的操作流程，形成唯一的规范。

（5）产品及产品谱系。定义工厂内部的产品及产品属性，如零件、组装件、配件或规格、品类等，并归集同系列产品为产品组，形成不同的产品谱系信息。

（6）制造物料清单（Bill of Material，BOM）、工艺路线。根据产品搭建产品 BOM 架构，并根据产品设计配合工作流定义和物理模型的设备定义，合理设计产品的工艺路线。规划定义的范围包括数据记录、变更、版本追溯、工艺监控、纠错、报警机制等。

（7）在制品状态。其定义范围包含在制品数量、产线位置、生产时间、状态等。

2.MES 系统的功能

（1）设备管理。机床、工具等完好是生产正常进行的保证，这些设备使用情况应有明确的管理记录，确保生产线能够正常运转。对这些设备的管理，还包括为满足作业排程计划目标对其所做的预定和调度。设备管理如图 5-49 所示。

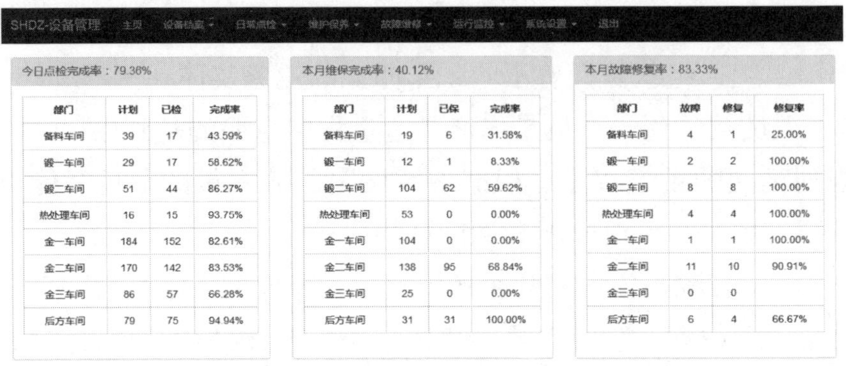

图 5–49　设备管理

（2）计划排产。在具体生产排程的操作中，根据相关的优先级、产品属性、特征及生产配方提供作业排程功能。例如，当根据经济批量或生产节拍对生产顺序进行合理排序时，计划排产可最大限度缩短生产过程的准备时间。但这个调度功能的能力有限，它主要是通过识别替代性、重叠性或并行性操作来准确计算出时间、设备上下料，以做出相应调整来适应变化。计划排产示例如图 5–50 所示。

图 5–50　计划排产示例

（3）生产作业。生产作业是以工单为主线管理生产单元工作的流动，包括领 / 退料、工单开工、工单报工、个人 / 班组工序产量，系统会自动生成车间完工产量、根据 BOM 自动计算原材料消耗数据，对车间完工工时进行统计，对操作工产量进行统计并可进行工序工时计算。生产作业情况如图 5–51 所示。

图 5–51　生产作业情况

（4）生产工艺。生产工艺是管理生产单元有关的记录和表格，包括工作指令、工程图样、标准工艺规程、零件的数控加工程序、批量加工记录、工程更改通知等。管理生产单元记录如图 5–52 所示。

图 5–52　管理生产单元记录

（5）数据采集。通过数据采集接口可以获取生产单元的记录和表格上填写的各种作业生产数据和参数。这些数据可以从车间以手工方式录入，也可以自动从设备上实时获取，实现按分钟级别的数据更新。车间设备状态如图 5–53 所示。

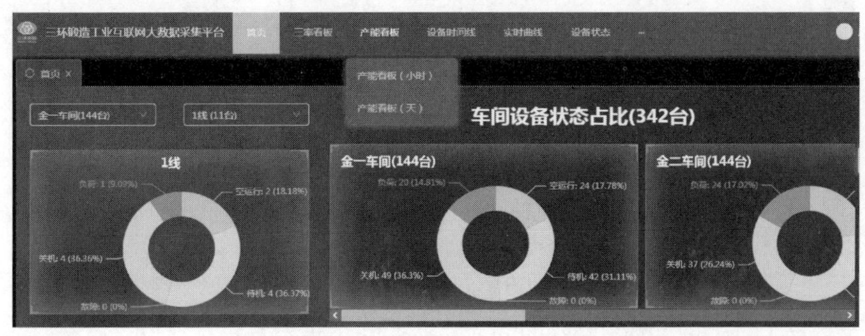

图 5–53　车间设备状态

（6）质量管理。质量管理是对生产制造过程中获得的测量值进行实时分析，以保证产品质量得到良好控制，质量问题得到确切关注。该功能还可针对质量问题推荐相关纠正措施，包括对症状、行为和结果进行关联以确定问题原因。质量管理还包括对统计过程控制（SPC）和统计质量控制（SQC）的跟踪，实验室信息管理系统（LIMS）的线下检修操作和分析管理。质量管理统计如图 5–54 所示，产品质量管理数据如图 5–55 所示。

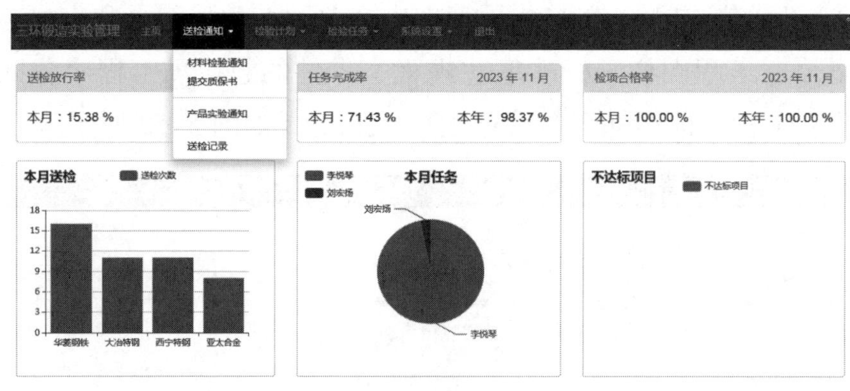

图 5–54　质量管理统计

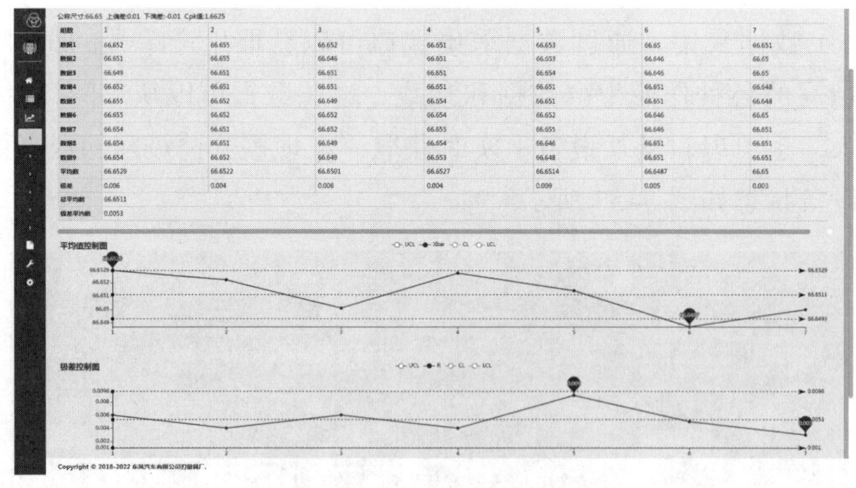

公称尺寸:66.65 上偏差:0.01 下偏差:-0.01 Cpk值:1.6625

组数	1	2	3	4	5	6	7
数据1	66.652	66.655	66.652	66.651	66.653	66.65	66.651
数据2	66.651	66.655	66.646	66.651	66.653	66.646	66.65
数据3	66.649	66.651	66.651	66.651	66.654	66.646	66.65
数据4	66.652	66.651	66.651	66.651	66.651	66.651	66.648
数据5	66.655	66.652	66.649	66.654	66.651	66.651	66.648
数据6	66.655	66.652	66.652	66.654	66.652	66.646	66.65
数据7	66.654	66.651	66.652	66.655	66.655	66.646	66.651
数据8	66.654	66.651	66.649	66.654	66.646	66.651	66.651
数据9	66.654	66.652	66.649	66.653	66.648	66.651	66.651
平均数	66.6529	66.6522	66.6501	66.6527	66.6514	66.6487	66.65
极差	0.006	0.004	0.006	0.004	0.009	0.005	0.003
总平均数	66.6511						
极差平均数	0.0053						

图 5–55　产品质量管理数据

（7）维护管理。维护管理是跟踪和指导作业活动，维护设备和工具以确保它们能正常运转并安排进行定期检修，以及对突发问题能够及时响应或报警。它还能保留以往的维护管理记录和问题，帮助进行问题诊断。车间维护管理记录如图 5-56 所示。

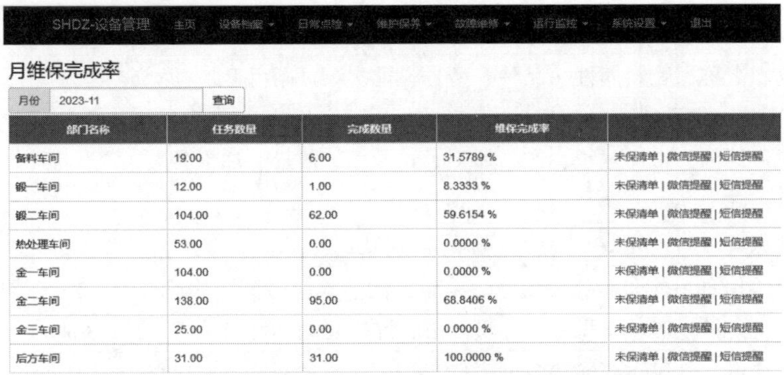

月维保完成率

月份 2023-11 查询

部门名称	任务数量	完成数量	维保完成率	
备料车间	19.00	6.00	31.5789 %	未保清单 | 微信提醒 | 短信提醒
锻一车间	12.00	1.00	8.3333 %	未保清单 | 微信提醒 | 短信提醒
锻二车间	104.00	62.00	59.6154 %	未保清单 | 微信提醒 | 短信提醒
热处理车间	53.00	0.00	0.0000 %	未保清单 | 微信提醒 | 短信提醒
金一车间	104.00	0.00	0.0000 %	未保清单 | 微信提醒 | 短信提醒
金二车间	138.00	95.00	68.8406 %	未保清单 | 微信提醒 | 短信提醒
金三车间	25.00	0.00	0.0000 %	未保清单 | 微信提醒 | 短信提醒
后方车间	31.00	31.00	100.0000 %	未保清单 | 微信提醒 | 短信提醒

图 5-56　车间维护管理记录

（8）物流管理。物流管理提供工件的位置和状态信息。其状态信息可包括状态、产品批号、图号、当前位置、返工或与产品相关的其他异常信息。物流管理如图 5-57 所示。

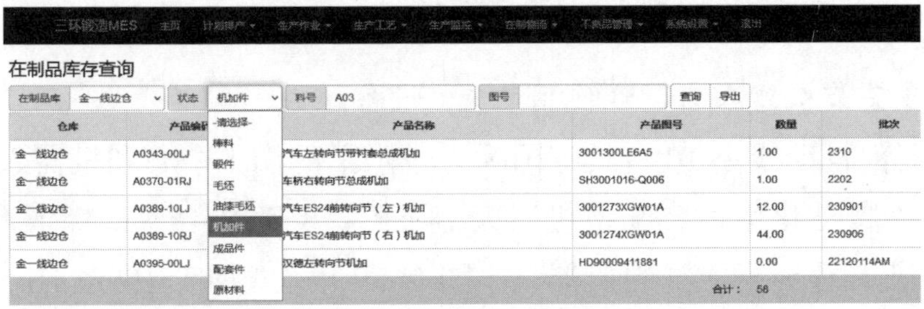

在制品库存查询

在制品库 金一线边仓　状态 机加件　料号 A03　图号　查询　导出

仓库	产品编码	产品名称	产品图号	数量	批次
金一线边仓	A0343-00LJ	汽车左转向节带衬套总成机加	3001300LE6A5	1.00	2310
金一线边仓	A0370-01RJ	车桥右转向节总成机加	SH3001016-Q006	1.00	2202
金一线边仓	A0389-10LJ	汽车ES24前转向节（左）机加	3001273XGW01A	12.00	230901
金一线边仓	A0389-10RJ	汽车ES24前转向节（右）机加	3001274XGW01A	44.00	230906
金一线边仓	A0395-00LJ	汉德左转向节机加	HD90009411881	0.00	22120114AM
			合计：	58	

图 5-57　物流管理

3. 三环锻造 MES 数据采集内容

MES 的数据采集功能是通过数据采集接口来获取并更新与生产管理功能相关的各种数据和参数，包括产品跟踪、维护产品历史记录及其他参数，带有时标的生产过程数据，带有时标的报警、消息、生产事件信息，手工实验数据（如各种理化检测指标），计量数据（如称重数据），批次信息（如批次号码、批次执行状态等）。概括起来包括连续数据的采集和离散数据的采集。从人、机、料、法、环、测、能分类来讲，在生产现场需要采集的数据如表 5-2 所示。

表 5-2　生产现场采集数据

类型	具体内容
人	操作人员、作业数据（所在工序 / 工位、操作时间、操作数据）
机	设备运行状态信息、故障信息、维修 / 维护信息
料	物料名称、物料属性（品种、型号、批次）、库存记录（库位、库存量）、消耗记录（工位、消耗量）
法	生产计划、工序过程、产品加工时间、加工数量、加工参数、产品完工率、生产异常信息
环	地点、时间、光线、温度、湿度、污染度
测	检验信息（检验对象、批号、检验方法、检验时间、检验标准、检验结果）、计量信息（计量对象、批号、计量方法、计量时间、计量标准、计量结果）
能	水、电、气等主要能耗数据

5.5　三环锻造威亚智能机加产线实例

5.5.1　多关节机器人自动线简介

1. 多关节机器人自动线使用装置 / 设备组成

机器人自动线由 10 台具有国际先进水平的加工中心和机器人组成，全线无人自动化生产，配备机器人上下料，自动液压夹具，其包含激光打码机（图 5-58）、抓料机器人（图 5-59）、立式加工中心（图 5-60）、卧式加工中心（图 5-61）、高精度数控车床（图 5-62）、去毛刺机器人（图 5-63）等。

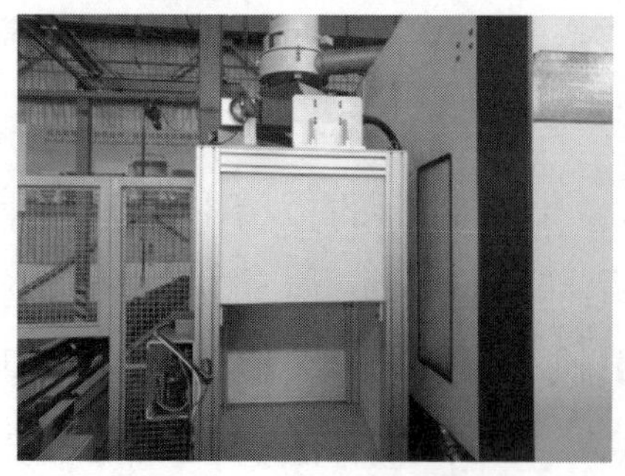

图 5-58　激光打码机

图 5-59　抓料机器人

图 5-60　立式加工中心

图 5-61　卧式加工中心

图 5-62　高精度数控车床

图 5-63　去毛刺机器人

整线集成了 MES 系统，通过对生产线数据自动采集、生产线作业管理、物料 / 在制品管理、生产资源管理、产品质量管理、数据统计分析等模块，实现了生产计划自动排产，单台设备及单件产品能效监控，在线检测及产品质量追溯，加工刀具破损及寿命预警，设备运行状况及故障反馈查询，生产信息可视化等，生产线 CPK ≥ 1.33，达到国际先进水平，实现了生产过程、质量管理的自动化和智能化。

2. 多关节机器人自动线的优点

（1）灵活性。多关节机器人具有多自由度，能够在多个轴向上进行灵活运动和操作，适应各种复杂加工需求。

（2）高精度和重复性。由于其精确的运动控制和自动化特性，多关节机器人能够提供高精度的加工，并确保重复性，减少了人为误差。

（3）自动化。多关节机器人自动线能够实现高度自动化的生产过程，减少了人工干预，提高了生产效率和一致性。

（4）多功能性。通过更改程序和工具来执行不同的加工任务，多关节机器人自动线可以实现多种工艺和复合加工，从而提高了生产线的多样性和灵活性。

（5）安全性。通过减少人员直接参与高危加工环境，提高了生产过程的安全性。

（6）节省成本。自动化生产线能够节省人力成本、减少废品率，并提高生产效率，从而降低了制造成本。

3. 多关节机器人自动线的功用

（1）加工与制造。多关节机器人自动线用于进行各种复杂工件的加工，包括金属、塑料、复合

材料等的零部件制造。

（2）装配与处理。多关节机器人自动线不仅可以进行加工，还可以执行装配任务，例如零件的装配和处理。

（3）检测与质检。多关节机器人自动线可以用于产品的检测和质量控制，通过传感器和视觉系统进行检测和验证。

（4）包装与搬运。在生产线末端，机器人可以执行产品的包装和搬运工作，提高整个生产流程的效率。

（5）定制化生产。多关节机器人自动线的灵活性使其能够应对小批量、高品质和定制化生产的需求，满足市场个性化需求。

5.5.2 威亚智能机加线案例

智能机加线设备：多关节机器人自动线—卧加复合加工 / 立加复合加工 / 数控车床。

智能机加线加工内容如下。

（1）卧式加工中心：加工盘部及叉耳工序。

（2）D60 立式加工中心：铣轴端扁平面。

（3）D70 数控车床：精车杆部及螺纹。

加工图如图 5-64 所示，智能机加线生产图如图 5-65 所示。

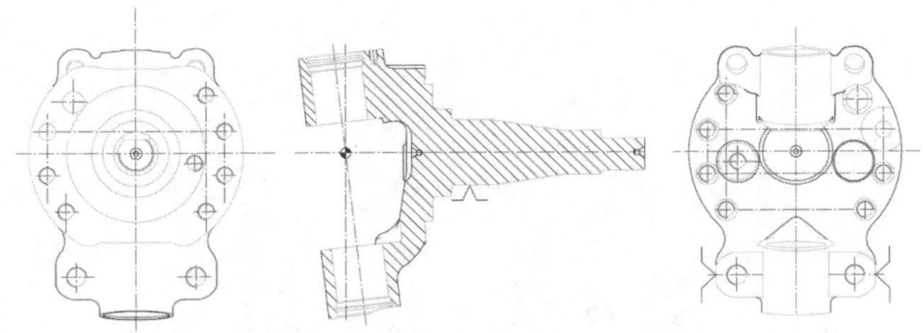

图 5–64　加工图

图 5–65　智能机加线生产图

第 6 章　总　结

转向节是汽车转向系统中的重要组成部分，其质量和性能对汽车的安全性和操控性有着重要影响。本书对转向节传统加工方法、节臂一体式锻件转向节加工工艺、铝合金转向节加工工艺和转向节智能制造生产线设计进行了详细的介绍。本书主要内容如下。

第 1 章介绍了转向节的作用及分类，明确了转向节在车辆转向系统中的重要性，并介绍了转向节的结构分类。之后，对转向节结构优化设计、材料性能改进和加工工艺的研究现状进行了论述。

第 2 章转向节传统加工方法部分，介绍了传统转向节加工方法的基本要求，包括加工原则和加工要求。详细介绍了三环锻造第一、第二代转向节生产线流程，以及转向节的装配和检测过程。此外，还介绍了产品全寿命周期管理（PLM）的重要性，以确保转向节在整个产品生命周期内的质量和性能。

第 3 章介绍了节臂一体式转向节加工工艺，通过对节臂一体式转向节结构的分析，指出了其特点和性能，并介绍了相应的加工工艺。

第 4 章介绍了铝合金转向节加工工艺，探讨了铝合金在汽车上的应用及锻造成形特点，介绍了铝合金锻造技术的应用发展，并讨论了铝合金锻件的特性、主要缺陷和质量控制。通过有限元仿真分析，验证了铝合金转向节加工工艺在提高转向节质量和性能方面的有效性。

第 5 章介绍了转向节智能制造产线设计，通过探讨转向节智能化加工工艺，强调了智能制造在提高转向节生产效率和质量方面的重要作用；介绍了三环锻造智能制造产线关键设备，如工装夹具、质量追溯系统、三坐标测量机、数控机床、磁粉探伤机和机械臂等；详细讨论了三环锻造智能产线的布局和威亚智能机加产线实例。

未来，湖北三环锻造有限公司将继续深入研究转向节材料性能的改进、加工工艺的优化，以及智能制造生产线的设备和系统的创新，使转向节在汽车工业中发挥更加重要的作用。

附录 A　湖北三环锻造乘用车转向节相关产品图

图 A-1　柳州五菱小车及商务车转向节

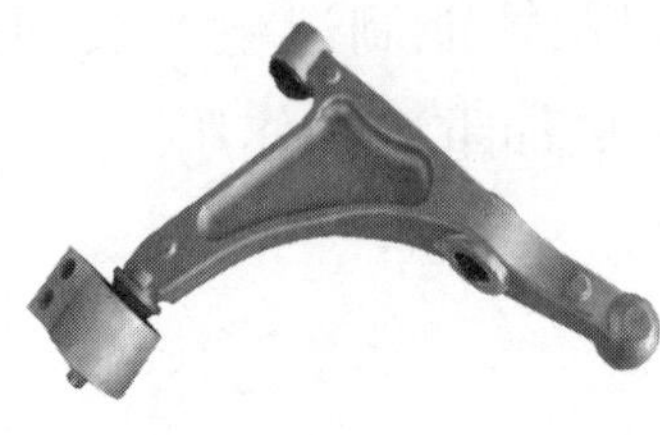
图 A-2　悬臂

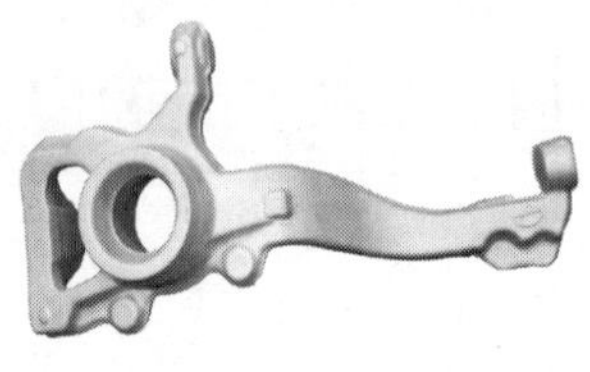
图 A-3　DSC_0502

图 A-4　奇瑞 S32 转向节

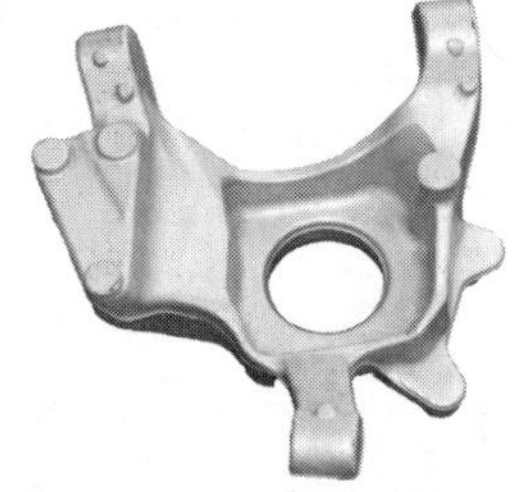
图 A-5　DSC_0499

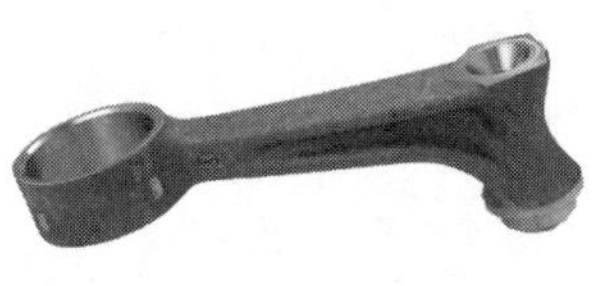
图 A-6　BXY00077

图 A-7　比亚迪 K9 转向节

图 A-8　简式国际 P6D 转向节

图 A-9　芜湖伯特利（奇瑞）M30 转向节

图 A-10　中兴皮卡转向节

附录 B　湖北三环锻造商用车转向节相关产品图

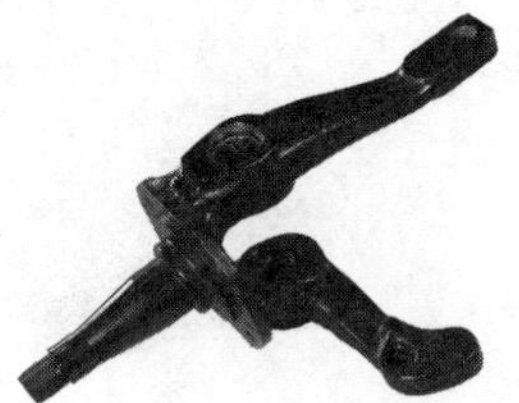

图 B-1　BXY00028

图 B-2　BXY00042

图 B-3　BXY00092

图 B-4　BXY00045

图 B-5　A066 金华转向节 7

图 B-6　梅赛德斯一奔驰转向节 02

图 B-7　153 节

图 B-8　BXY00003

图 B-9　BXY00083

附录 C　湖北三环锻造其他转向节相关产品图

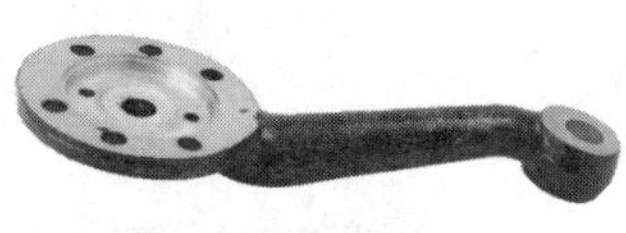

图 C-1　BXY00023

图 C-2　BXY00073

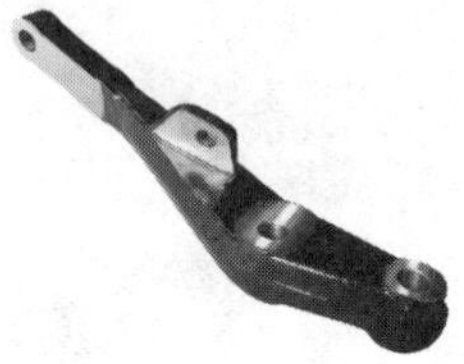

图 C-3　D.140C-L

图 C-4　D.194C

图 C-5　D146C-L 左转向节臂

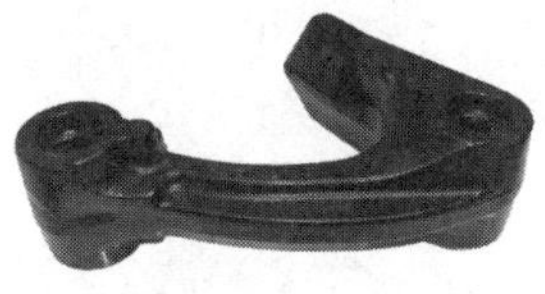

图 C-6　DSC_1981

图 C-7　DSC_1985

图 C-8　E194C

图 C-9　E662C

图 C-10　F163M

参考文献

［1］ 齐羿，薛喜云，焦斐，等．盘式转向节锻造工艺优化与过程模拟分析 [J]. 锻压技术，2023，48(9):32–40.

［2］ 郑永杰，闫小军，王振兴，等．基于 SolidWorks 轻型货车前桥有限元仿真分析 [J]. 邢台职业技术学院学报，2023，40(5):100–104.

［3］ 姜梦平．基于主动后轮转向的平衡重叉车横向稳定性研究 [D]. 厦门：厦门理工学院，2019.

［4］ 门玉琢，于海涛，于海波．重型车辆转向节臂强化路耐久性断裂试验 [J]. 振动、测试与诊断，2018，38(5):997–1002.

［5］ 张继明 .H 公司铝合金锻造线生产效率提升研究 [D]. 杭州：浙江大学，2022.

［6］ 张兆伟，许玉杰，王世林，等 .42CrMo 材料转向节调质工艺研究与应用 [J]. 锻造与冲压，2022，(17):40–43.

［7］ 王利．基于可靠性的转向节分析与优化 [D]. 长沙：湖南大学，2017.

［8］ 郭志卫 .M 公司转向节生产建设项目进度计划与控制 [D]. 大连：大连理工大学，2016.

［9］ 张博文，张胜兰．麦弗逊悬架转向节有限元分析及试验 [J]. 湖北汽车工业学院学报，2018，32(1):6–9.

［10］ 姜效峰，曹怀礼，杜卫东．一种新型的重卡转向节模锻工艺开发 [J]. 重庆理工大学学报：自然科学版，2017，31(2):34–38.

［11］ 杨闯．基于信息融合的汽车自主防撞控制系统设计与研究 [D]. 青岛：青岛科技大学，2018.

［12］ 曹卫新，胡德祥，张平，等．前转向节总成结构优化设计与分析 [J]. 现代零部件，2013，(2):81–83.

［13］ 窦曼莉．基于纵向驱动模型的纯电动客车节能与舒适度优化 [D]. 合肥：中国科学技术大学，2015.

［14］ 康元春，李东升，张浩勤．基于道路谱模拟的转向节疲劳分析 [J]. 合肥工

业大学学报：自然科学版，2015，5(2):41–73.

[15] 肖博文．矿用车转向节有限元分析及优化设计 [D]. 长沙：湖南大学，2015.

[16] 马西沛，李亚伟，范平清．基于系统动力学的转向节典型工况承载分析 [J]. 组合机床与自动化加工技术，2020(12):39–42.

[17] 宋淑丽．汽车车桥组成及工作原理概述 [J]. 黑龙江科技信息，2015，(6):24.

[18] 肖传博，任浩铭，陈龙，等．新能源汽车铝合金全塑车身设计及制造技术要点 [J]. 热处理技术与装备，2023，44(5):22–24.

[19] 王科学，王东波，黄勇，等．铝合金材料在汽车轻量化领域应用的研究现状 [J]. 铝加工，2022，(6):3–6.

[20] 迟鹤津，贾旭岩．乘用车燃油经济性影响因素的相关性分析与修正 [J]. 汽车文摘，2022，(9):38–44.

[21] 何家盼，何俊艺．基于 ANSYS 的汽车转向节拓扑优化仿真分析 [J]. 时代汽车，2023，(13):109–111.

[22] 何家林．基于逆向工程和拓扑优化的转向节轻量化设计 [J]. 装备制造技术，2023，(6):58–61.

[23] 姜少敏，李宛儿．伯特利——以自主创新引领中国汽车安全系统的未来 [J]. 中国中小企业，2019，(12):76–78.

[24] 史践，唐义生，黄召玉，等．碳纤维复合材料和轻质合金在新能源汽车轻量化上的应用实践 [J]. 汽车工艺与材料，2021，(12):7–11.

[25] 周新南，王丽荣，王毅．基于 HyperWorks 的转向器支架拓扑优化分析 [J]. 汽车零部件，2022，(13):105–109.

[26] FENG W Z，GUAN Y M. Research Status and Key Technologies of In–Plane Deformation of Deformed Wing [J]. Advances in Aeronautical Science and Engineering，2023，14(3):1–14.

[27] 曾文豪．汽车铝合金转向节结构拓扑优化与有限元分析 [D]. 广州：华南理工大学，2018.

[28] 褚晓亮，姚湜．吉林“一主六双”战略推进区域协调发展 [N]. 经济参考报，2022–12–06(005).

[29] MERKEL M，SCHUMACHER A. An automated optimization process for a CAE driven product development[J].Journal of Mechanical Design. 2003，125(4): 694–700.

[30] NOHARA S，BARCHA C E，OGASSAWARA F，et al. Structural optimization of knuckle for mac–pherson to improve mass reduction and cost [C]. SAE

Technical paper，2012.
［31］刘永跃.AlSi7Mg合金热变形行为与组织性能演变规律研究[D].北京：北京科技大学，2023.
［32］袁旦.汽车转向节有限元分析与优化设计[D].杭州：浙江工业大学，2010.
［33］康元春，李东升，张浩勤.基于道路谱模拟的转向节疲劳分析[J].合肥工业大学学报.2015，(6):748–751.
［34］吴星辰，申会鹏，张海博.概念桥拓扑优化设计[J].机械工程师，2022，(8):37–39.
［35］蒋荣超.轿车悬架零部件性能匹配与轻量化多目标优化方法研究[D].长春：吉林大学，2016.
［36］彭立，周倩瑶，袁文强.转向节疲劳耐久试验装夹方式的研究[J].汽车零部件，2023，(6):38–41.
［37］刘畅，郑施睿，温艳，等.电动汽车转向节有限元分析及其形状优化[J/OL].机械设计与制造:1–8[2023–12–19].
［38］何家盼,何俊艺.汽车转向节静载试验及耐久性分析研究[J].内燃机与配件，2023，(10):35–37.
［39］罗继相，杨鹏，夏望红，等.铝合金转向节挤压铸造技术研究与应用[J].铸造工程，2023，47(3):1–11.
［40］郑玉春，吴玉程，刘玉，等.40Cr汽车转向节锻造余热淬火工艺研究[J].热加工工艺.2004，(3):47–48.
［41］王泽波.汽车转向节成形工艺有限元模拟研究[D].合肥：合肥工业大学，2007.
［42］王霄锋，张小乐，胡涛.轿车转向杆系的优化设计[D].北京：清华大学，2004.
［43］JORSTAD，RICHMOND. High integrity die casting process variation [R]. Orlando，FL，USA: International Conference on Structural Aluminum Casting，2003.
［44］SEO P K，PARK K J，KANG C G.Semi–solid die casting process with three steps die system [J].Journal of Materials Processing Technology，2004，153:442–449.
［45］易蒲淞，郭鹏，李文彬，等.挤压铸造6082铝合金的高温流变行为和变形激活能分析[J].精密成形工程，2020，12(5):81–87.
［46］PEASLEE K D.A comparative life cycle assessment of cast aluminum，cast

iron, and forged steel automotive parts [R]. Livonia, MI, USA: 7th Great Designs in Steel Seminar 2008, 2008.

[47] ZOROUFI. Manufacturing process effects on fatigue design andoptimization of automotive components [D].USA: The Universityof Toledo, 2004.

[48] 杨堃，钟平洋，朱银．汽车零部件加工的智能化应用技术 [J]. 现代制造技术与装备，2020，56(9):180–181.

[49] YOUN S W, KANG C G, SEO P K.Thermal fluid/solidification analysis of automobile part by horizontal squeeze casting process and experimental evaluation [J].Journal of Materials Processing Technology, 2004, 146(3): 294–302.

[50] FUGANTI A , CUPITO G.Thixoforming of aluminum alloy for weight saving of a suspension steering knuckle[J].Metallurgical Science and Technology, 2000, 18(1): 19–23.

[51] Atkinson.Modelling the semi–solid processing of metallic alloy [J].Progress in materials science, 2005, (50): 341–412.

[52] 张伟．差压铸造铝合金转向节的产品结构优化设计 [J]. 铸造工程，2016，40(3):40–43.

[53] 李鹏飞，杨弋涛．差压铸造铝合金汽车转向节的夹杂物分析 [J]. 特种铸造及有色合金，2018，38(1):40–44.

[54] 李世清．轻量化材料及涂层的摩擦行为研究 [D]. 重庆：重庆大学，2019.

[55] 吕鹏．可倾瓦和网状箔片气体动压轴承及其转子系统特性研究 [D]. 长沙：湖南大学，2022.

[56] 邓玉勇，朱江，李立．新型金属材料镁合金的发展前景分析 [D]. 青岛：青岛科技大学，2002.

[57] DUSANE S V, DIPKE M K, KUMBHAIKAR M A. Analysis of steering knuckle of all terrain vehicles (ATV) using finite element analysis [C]//IOP Conference Series: Materials Science and Engineering.IOP Publishing, 2016, 149(1): 12133.

[58] LUO A A, SACHDEV A K, APELIAN D.Alloy development and process innovations for light metals casting [J].Journal of Materials Processing Technology, 2022, 306:117606.

[59] 胡婷婷．多轴数控加工技术在汽车零部件加工中的应用研究 [J]. 内燃机与配件，2023(23):48–50.

[60] 薛斌，许忠斌，张小岩，等 . 轻量化精密铸造成型技术在航空航天关键部件中的应用 [J]. 铸造技术，2022，43(4): 290–294.

[61] 蒋文明，樊自田 . 铝 / 镁合金特种精密铸造技术的研究进展及发展趋势 [J]. 金属加工 (热加工)，2023，(2):1–9.

[62] 刘冬冬，吴华伟，叶从进 . 一种新型的汽车转向节孔径快速检测方法 [J]. 轻工科技，2018，34(1):103–105.

[63] 张学斌，曾宪波 . 某轻卡车型的前桥设计及应用研究 [J]. 汽车实用技术，2020，45(22):65–68.

[64] 宛加雄，武建祥，晏洋，等 . 汽车转向节臂端部冷精整工艺优化 [J]. 精密成形工程，2022，14(9):66–72.

[65] 代璐蔚 . 非调质钢 38MnVTi 转向节热锻成形数值模拟及工艺优化 [D]. 重庆：重庆理工大学，2019.

[66] 邹国童，俞德新，程腾飞，等 . 铝合金铸件中蜂窝状缺陷的超声波检测 [J]. 上海金属，2020，42(2):39–43.

[67] 张瀚丹，吴一全 . 基于视觉的汽车装配件缺陷检测研究进展 [J]. 仪器仪表学报，2023，44(8):1–20.

[68] 陈涛，徐曼云，刘青，等 . 某汽车零部件企业 VOCs 的防治方案与措施 [J]. 江西化工，2023，39(5):92–96.

[69] 焦俊祥，金若男，李慧姝，等 . 基于 YOLOv5 的工具表面缺陷检测系统 [J]. 现代计算机，2023，29(16):43–48.

[70] 王昵辰，何赟泽，王洪金，等 . 金属表面开口裂纹的激光扫描和显微热成像检测研究 [C]. 厦门大学，2018.

[71] 欧阳智华，李洪磊 . 汽车零部件转向节中应用技术分析 [J]. 中国设备工程，2020，(6):156–157.

[72] 程剑 . 汽车转向节加工工艺仿真及优化研究 [D]. 武汉：湖北工业大学，2018.

[73] 王琰，于永初 .2019 汽车零部件先进加工技术研讨会 (湖北站) 成功举行 [J]. 汽车工艺师，2019，(11):26–28.

[74] 夏巨谌，金俊松，邓磊，等 ."三环锻造"与"三环车桥"实现绿色锻造的几项技术措施 [J]. 锻压技术，2022，47(10):17–22.

[75] 陈世平，曾凡宇，谢世列 . 高速切削关键技术与展望 [J]. 重庆理工大学学报：自然科学版，2016，30(10):71–75，93.

[76] 古甲岭.柔性制造技术在转向节加工中的研究及应用 [D]. 镇江：江苏大学，2017.

[77] 张广辉.数控机床加工过程中误差补偿法的实践研究 [J]. 消费导刊，2018，11(9):23–30.

[78] ZARKTI H，El M A，RECHIA A，et al.Towards an Automatic–optimized tool selection for milling process，based on data from Sandvik Coromant[C]//Xeme Conference Internationale: Conception et Production Intégrées，2015.

[79] 王效勇，孟繁纯.汽车转向节全自动柔性线的开发 [J]. 现代零部件，2014，(2):74–78.

[80] CONNOLLY C.Technology and applications of ABB RobotStudio[J]. Industrial Robot: An International Journal，2009，36(6):540–545.

[81] 白鹭，李思奇，梁培新，等.铝合金转向节自动化锻造生产线控制系统设计 [J]. 锻压技术，2023，48(10):200–206.

[82] 马万里.MES 环境下 D 公司设备管理优化研究 [D]. 秦皇岛：燕山大学，2023.

[83] 赵华杰，安永杰，金鑫.智能驾驶重型汽车摄像头安装调试台架设计 [J]. 机械工程师，2021，(6):141–143.

[84] 许志.汽车转向节可靠性及灵敏度分析 [D]. 杭州：浙江工业大学，2013.

[85] BENOIT G J P.Implementation of real–time autonomous application for Industry 4.0 applications at FAURECIA CLEAN MOBILITY [D].Bourgogne Franche–Comté，2022.

[86] 张义帅，孙红星，张超，等.汽车转向轴齿磨削裂纹产生的机理及预防措施 [J]. 锻压技术，2019，44(7):5.

[87] 王旭东，王志刚，罗宇，等.8.8m 超大采高工作面 1.8m 带宽数字自移机尾研究 [J]. 煤炭科学技术，2019 (2):118–123.

[88] 张运军，杨杰，陈天赋，等.与转向臂一体化成形的汽车转向节及其加工工艺：中国，107628107A[P].2018–01–06.

[89] 张运军，甘万兵，杨杰，等.与拉杆臂一体化成形的汽车转向节：中国，107792173A[P].2018–03–13.

[90] 李环宇.汽车转向节锻造方式对加工工艺性的影响 [J]. 金属加工(热加工)，2013，(7):50–52.

[91] 许周礼，陈天赋，陈运军，等.6082 铝合金转向节模锻工艺及变形规律 [J]. 锻压技术，2019，(6):44.

［92］ 张德春，孙吉宝 .STEYR 转向节模锻成形工艺研究 [J]. 锻压技术，2004，29 (1):2.
［93］ 朱正才 .Cr12MoV 钢的锻造与热处理 [J]. 热加工工艺，2009，(19):3.
［94］ 吴同坤 . 基于机器视觉的刀具磨损检测系统研究 [D]. 哈尔滨 : 哈尔滨理工大学，2023.
［95］ 王瑞红，李静 . 现代汽车电子技术应用现状及发展趋势分析 [J]. 电子世界，2014，(12):2.
［96］ 张志辉 . 激光仿生耦合处理热作模具的热疲劳性能研究 [D]. 长春：吉林大学，2007.
［97］ 周莺颖 . 汽车转向节的机械加工技术及其发展 [J]. 建筑工程技术与设计，2021，(23):5.
［98］ 张茂鹏 . 基于 SolidWorks 的组合夹具快速设计技术研究 [D]. 南京：南京航空航天大学，2005.
［99］ 王亮，孙建华，孟兆生，等 . 基于数控车床的“四层方套方结构”及加工工艺设计 [J]. 机电技术，2019，(3):5.
［100］ 张钦 . 关于车辆改装生产中焊接工装夹具的应用分析 [J]. 汽车世界，2020，(8):23–25.
［101］ 朱文峰，李旗号，汪韶杰 . 汽车转向节钻孔夹具结构设计 [J]. 汽车零部件，2013，(8):73–74.
［102］ 刘克安 . 面向工艺过程的产品质量控制方法研究 [D]. 天津：天津大学，2009.
［103］ 韩根云 . 汽车车身焊接夹具的设计 [J]. 新技术新工艺，2001，(8):2.
［104］ 赵伟 .S 汽车零部件企业产品质量追溯系统研究 [D]. 青岛：中国海洋大学，2015.
［105］ 吴林，崔征，陈磊 . 具有灰度标识码的金属片材及由金属片材制造的盖体：中国，206249798U[P].2017–06–13.
［106］ 李天音，刘锐涛，邵立 . 基于二维码及 RFID 的汽车制动器装配质量追溯方法研究 [J]. 电脑知识与技术：学术版，2019，15(6):3.
［107］ 朱友斌 . 汽车零部件过程控制与质量追溯系统的设计与实现 [D]. 成都：电子科技大学，2010.
［108］ 李飞宏，秦晓辉，代立春 .GS1 追溯保障汽车零部件质量安全 [J]. 条码与信息系统，2022，(4)：5.
［109］ 左兴旺 . 三坐标测量机在机械零部件测量中的应用研究 [J]. 中文科技期刊

数据库：引文版，工程技术，2021，(11):4.
[110] 叶文静 . 基于 MBD 的复杂零件数字化检测技术研究 [D]. 沈阳：沈阳航空航天大学，2023.
[111] 郭吉峰 . 汽车转向节专业立式数控车床设计简介 [J]. 科技创新与应用，2014，(26):1.
[112] 甘万兵，赵海涛，王战兵，等 . 复合剪叉式工业机械臂的创新设计 [J]. 中国机械，2023，(34):8–12.
[113] 赵海涛，张宏涛，阮国勇，等 . 智能化机械传动装置设计 [J]. 中国机械，2023，(35):30–33.
[114] 余国林，夏巨谌，孔德瑜，等 .144 型高性能转向节预锻件优化设计与精锻工艺研究 [J]. 模具工业，2024，50(3):59–62.
[115] 晏洋，李航，许恢兵，等 . 基于 ANSYS 的某型号后摇臂拓扑优化设计 [J]. 汽车零部件，2023，(4):46–50.
[116] 罗雅梅，杨练根，王斌，等 . 转向节耐久性试验系统设计与分析 [J]. 机械强度，2022，44(6):1435–1442.
[117] 吴红飞 . 汽车转向节加工的关键技术研究 [J]. 科技创新与应用，2013，(27)，58–59.
[118] 丁华锋，潘俊杰，晏洋，等 .DP780 高强钢 U 形弯曲回弹影响因素及优化 [J]. 精密成形工程，2022，14(10):49–55.
[119] 陈天赋，屈志远，周杰，等 . 一种提高长轴类转向节锻件材料利用率的组合模具 [J]. 锻压技术，2022，47(8):185–192.
[120] 钱伟，吴钊，吴华伟，等 . 上三角肘杆式压力机构间隙动力学特性分析 [J]. 锻压技术，2022，47(6):214–223.
[121] 刘莹，晏洋，陈天赋，等 . 考虑载荷不确定性的转向节结构优化研究 [J]. 机电工程，2020，37(12):1504–1509.
[122] 吴强，邓庆文，胡泽启，等 . 基于 RBF 神经网络与代数法的 6R 机器人逆运动求解 [J]. 数字制造科学，2019，17(3):201–206.
[123] 何万涛，邵光保，郭延艳，等 . 基于全息锥光的钛合金精锻叶片精密测量规划方法 [J]. 锻压技术，2019，44(12):139–146.
[124] 邵光保，罗雅梅，周明，等 . 汽车转向节的机械加工技术及其发展 [J]. 湖北农机化，2019，(7):53–55.
[125] 张运军，陈天赋，杨杰，等 . 房车转向节整体模锻关键技术与模具装置

研发 [J]. 中国机械工程，2018，29(17):2125–2130.
[126] 韩利亚，陈天赋，甘万兵，等 . 高温转向节锻件自动化三维测量与精度检测技术 [J]. 塑性工程学报，2018，25(5):53–59.
[127] 凌云汉，邵光保，孙勇，等 . 基于机器视觉的锻件位置及顶杆检测系统 [J]. 锻压技术，2018，43(5):115–119.